국제관계연구총서 XVIII

북한 핵위기와 동북아

| 국제관계연구소 손기섭 외 공저 |

부산외국어대학교 출판부

국제관계연구총서 XVIII

북한 핵위기와 동북아

2017년 1월 31일 초판 발행

저 자/ 박휘락, 조영기, 추부길, 이홍종, 손기섭
발행인/ 정 해 린
발행처/ 부산외국어대학교 출판부
등 록/ 제 14-11-15호
주 소/ 46234 부산광역시 금정구 금샘로 485번길 65
전 화/ 051) 509-6465, 6466 팩스/ 051) 509-6468
인터넷/ http://press.bufs.ac.kr
편 집/ 주간 · 김동하, 디자인 · 권병철
인쇄처/ 세종문화사 (051) 463-5898
공급처/ 한국출판협동조합 (02) 716-5616~9

ISBN 978-89-8312-421-0 93340

값 9,000원

책머리에

2017년도 1월을 전후해 대한민국을 둘러싼 국내외적 정세와 핵위기 상황이 심각한 모습이다. 안으로 박근혜 정부는 소위 '최순실 국정농단사건'으로 국회의 탄핵을 받아 헌법재판소에서 탄핵재판과 특검수사를 받고 있는 식물정부가 된 상황이고, 눈을 돌려 밖을 보면, 미국은 트럼프 대통령, 중국은 시진핑 주석, 러시아는 푸틴 대통령, 일본은 아베 수상 등 한반도 주변4강이 모두 하나같이 자기 국가나 민족 중심을 지향하는 강력한 개성과 리더십을 가진 '스트롱맨' 정권이 들어서 있다. 또한 무엇보다도 북한 김정은 정권이 2016년도에 1월 제4차 핵실험, 8월 잠수함 발사 탄도미사일(SLBM) 발사, 9월 제5차 핵실험을 강행하는 등 핵위협을 가속화함으로써, 사실상의 핵보유국의 지위를 획득할 정도로 한반도의 핵위기는 한치 앞을 예측키 어려울 정도로 가중되고 심각해졌다.

이러한 혼돈과 위기의 국내외 정세 속에서, 대한민국은 자유민주주의와 시장경제의 국가 근간을 바로세우고 자유와 통일의 외교안보 노선의 국가전략을 명확히 하며 국민 대통합을 적극적으로 모색할 수 있는 정통성 있는 올바른 정치리더십의 확립이 절대적으로 필요하다고 생각된다. 현 시점에서 필자가 볼 때는 박근혜 정부는 탄핵이 인용되리라 보여 진다. 설사 인용되지 않는다 하더라도 국민들로부터 지지확산을 피할 수는 없는 바, 통치의 '령'을 세울 수 없을 것이다. 특검과 헌재의 재판을 통해서 국정농단의 실상이 어느 정도 밝혀지겠지만, 무엇보다도 다수 국민과 유권자들을 배신하여 소통을 멀리하고 소수의 측근만 앞세워 인사를 전횡하고 공과 사를 구별하지 못한 박근혜정부의 잘못이 너무나 커다. 이러한 허탈함과 아픔을 전화위복의 계기로 삼아, 2017년도 봄 멀어도 여름 중반에는 새로운 대한민국, 새로운 통일한반도의 국가비전을 실현시켜 나갈 개혁적 및 헌신적 정치리더십이 구축되어야 할 것이다.

대한민국에는 반드시 지켜야 할 핵심가치가 존재한다. 첫째는 자유민주주의와 시장경제의 가치이다. 이것은 대한민국의 헌법적 가치이다. 자유와 인권을 중시하고, 민주주의와 정의를 옹호하며, 시장경제와 자유무역의 국제사회를 만들어가야 하는 것이다.

둘째는 대한민국 안보를 지켜내는 근간 틀로서 한미동맹을 소중히 하고 견고히 하는데 정성을 다해야 한다. 이미 남과 북의 체제경쟁은 끝났다. 자유와 인권과 정의를 말살하고 있는 북한 김정은체제는 자유민주주의 대한민국과 비교할 수 없는 '비정상적 수령 독재체제'이다. 경제적으로는 총 GDP가 40배 이상의 격차가 존재한다. 하지만 오로지 핵건설과 경제건설의 병진노선을 주장하며, 핵을 포기하기 않고 핵실험과 핵탄두 운반수단의 개발에 박차를 가해 온 김정은 체제의 위협을 제거하기 위해서는 자유민주의와 인권을 기반으로 한 미국과의 굳건한 한미동맹이 대한민국 안보의 초석이 되어야 한다. 또한 단기적으로는 북한 핵위협을 경감시키기 위한 최소한 자위조치로서 '고고도 미사일 방어망(THAAD)'의 구축도 필요한 것이다.

셋째는 자유민주주의와 인권이 기초가 되는 통일한반도의 실현이다. 한반도의 북쪽에는 아직도 근대 국민국가의 확립을 이루지 못하고 독재와 반인권에 신음하는 북한주민이 있다. 북한주민을 김일성, 김정일, 김정은 3대 세습 수령독재체제로부터 구출하여 인권과 최소한의 인간다운 생활을 누릴 수 있는 정치경제사회 시스템을 만들어야 한다. 자유와 인권의 통일한반도의 비전은 다음과 같이 정리해 볼 수 있다. 우선, '비핵평화국가' 되는 것이다. 현재의 북핵위협의 진정한 해결은 통일한반도의 비핵평화국가 비전을 실현시키는 것이다. 그리고 통일한반도는 '통상발전국가'가 되어야 한다. 대한민국이 실현시켜 온 개도국을 위한 일류 '코리아모델'이 있다. 이를 토대로 북한의 양질의 노동력과 한국의 자본기술력, 나아가 미중일의 통일한반도 인프라지원이 결합된다면, 통일한반도는 국제사회의 평화와 번영에 크게 공헌할 수 있는 통상발전국가가 될 수 있을 것이다.

이 책은 부산외대 국제관계연구소가 기획한 총서로서, 단기적으로는 북핵위협과 동북아정세에 대응하고 중장기적으로는 통일한반도의 선진통일전략을 실현시켜 가기 위한 염원을 담아 펴내는 시리즈물의 일환이다. 앞으로 2-3년 더 매년 1권씩 발간할 계획이다. 이번 2017년도 초에 발간하는 이 책은 북핵위협의 실상을 파악하고 동북아 정세의 현황을 정확히 진단해 보는데 초점을 두었다. 바쁘신 가운데서도 학술세미나와 특강을 통해 허심탄회한 조언과 토론을 해

주시고 소중한 옥고를 보내주신 네 분의 필진 선생님에게 깊은 감사를 드린다.

박휘락 교수님의 “북핵위협의 심각화에 따른 한국의 미중관계: THAAD사례를 중심으로”는 한미동맹의 필요성과 의미를 ‘자율성-안보 교환이론’이라는 분석모델을 통해 밝히고 있으며, 최근의 사드(THAAD) 배치의 필요성과 미중관계에 임하는 냉정한 분석자세를 강조한다. 조영기 교수님의 “북한 핵위협의 실체와 한국의 전략”은 북한의 핵보유 의도와 정책실체를 분석하는 동시에 NPT체제의 특성과 한계를 밝히고 있다. 추부길 교수님의 “북한의 핵위기 조성과 급변사태 가능성” 논문은 북한의 핵능력과 핵 투발수단의 실체, 그리고 북핵위기 조성에 따른 중국과 미국의 정책내용을 차분히 분석하며, 북한에서 급변사태가 실제로 일어날 가능성에 대해 중국 측 자료와 정보를 통해 밝히고 있다. 이홍종 교수님의 “북한의 비핵화와 미국 트럼프 신행정부”는 북한 핵위협과 국제사회의 대북제재정책에 대한 의미를 분석하며 또한 미국 트럼프 신행정부의 ‘America First’ 정책방향에 대해 함의를 제공한다. 손기섭의 “아베정권의 집단적 자위권과 동북아”는 2010년대 이후 급변하는 동북아 정세 속에서 일본의 중국과 북한에 대한 안보전략의 핵심사항으로서 집단적 자위권 도입의 정치과정과 내용을 분석하며 동북아 주요 각국에 미치는 정책내용의 의미를 밝힌다.

끝으로 책의 발간과 출판 인쇄를 맡아준 대학당국과 관계자 여러분께 심심한 감사를 드린다. 또한 국제관계연구소의 연구원으로서

총서 출판의 실질적 산파역을 담당해 준 성병욱 박사에게 이 자리를 빌려 고마운 마음을 전한다. 아울러 무엇보다 이 책은 대한민국의 선진화와 자유민주주의 통일한반도의 실현을 위해 일평생 헌신해 오시다가 2017년 1월 13일에 별세하신 한반도선진화재단 이사장이자 서울대학교 국제대학원 교수이셨던 위공 박세일 선생님께 필자들의 마음을 모아 바치는 마음이다.

위공(爲公) 박세일 이사장님을 추모하며

2017년 1월

부산외국어대학교 국제관계연구소장

손 기 섭

차례

북핵 위협의 심각화에 따른 한국의 미·중관계:
THAAD 사례를 중심으로 | **박휘락**

Ⅰ. 서론 ······ 11
Ⅱ. 자율성-안보 교환 이론과 적용 ······ 14
Ⅲ. 북한의 핵위협과 평가 ······ 22
Ⅳ. 사례 분석: 사드배치의 경우 ······ 27
Ⅴ. 결론 ······ 40
참고문헌 ······ 42

북한 핵위협의 실체와 한국의 전략 | **조영기**

Ⅰ. 북한 '핵'의 실체 ······ 45
Ⅱ. NPT 체제의 특성과 한계 ······ 53
Ⅲ. 북한 '핵'에 대한 미 · 중의 전략 ······ 65
Ⅳ. 북한 '핵'에 대한 한국의 전략 ······ 73
참고문헌 ······ 82

북한의 핵 위기 조성과 급변사태 가능성 | **추부길**

Ⅰ. 북한의 핵(核) 능력 ······ 85
Ⅱ. 북한 핵(核) 투발수단의 진전 ······ 95

Ⅲ. 북한의 핵 위기 조성의 의도 ············ 106
Ⅳ. 북한의 핵 위기 조성에 따른 국제사회와 중국, 미국의 입장 ············ 111
Ⅴ. 북한 핵 위협과 한·미의 대응 ············ 126
Ⅵ. 북한 핵(核)으로 인한 급변사태 가능성 ············ 149
참고문헌 ············ 164

북한의 비핵화와 미국 트럼프 신행정부 | **이홍종**

Ⅰ. 서론 ············ 169
Ⅱ. 이론적 배경 ············ 170
Ⅲ. 북한의 비핵화 ············ 175
Ⅳ. 미국 트럼프 신행정부의 한반도정책 ············ 182
Ⅴ. 결론 ············ 184
참고문헌 ············ 186

아베정권의 집단적 자위권 성립과 동북아 | **손기섭**

Ⅰ. 서론 ············ 189
Ⅱ. 아베정권의 정치과정과 '신안보법'의 내용 ············ 192
Ⅲ. 신안보법의 국내외적 쟁점 ············ 201
Ⅳ. 동북아 주요 각국의 정책대응 ············ 208
Ⅴ. 결론 ············ 214
참고문헌 ············ 218

북핵 위협의 심각화에 따른 한국의 미·중관계: THAAD 사례를 중심으로

박 휘 락*

Ⅰ. 서론

최근 북한은 지금까지 5차례의 핵실험 및 핵무기 성능평가를 통하여 핵분열무기와 수소폭탄의 개발은 물론이고, 핵탄두의 표준화와 규격화까지 이룩하였다고 주장하고 있다. 즉 2016년 9월 9일에 북한은 "핵탄두 폭발시험"을 실시한 후 "탄도 로켓(미사일)들에 장착할 수 있도록 표준화·규격화한 핵탄두의 성능과 위력을 최종적으로 검토 확인했다"고 발표한 바 있다.[1)] 그 동안도 북한은 수시로 탄도미사일을 발사하여 핵무기를 탑재한 탄도미사일, 즉 '핵미사일' 공격 능력을 점검 및 향상시킨 바가 있다. 2016년 8월 24일에는 잠수함발사 탄도미사일(SLBM: Submarine Launched Ballistic Missile)을 500km 정도 비행시키는 데 성공함으로써 곧 한국은 물론이고, 일본과 미국도 공격할 능력을 갖추었고, 미국이 한국을 지원할 경우 본토

* 국민대학교 정치대학원장

1) 조선일보(2016년 9월 10일), p.A1.

를 공격하겠다고 위협할 것으로 판단된다.

핵무기는 '대량살상무기'(WMD: weapons of mass destruction) 또는 '절대무기'(absolute weapon)라고 불릴 정도로 그 위협이 크다. 1945년 8월 일본의 히로시마에 약 16kt, 나가사키에는 약 20kt의 원자폭탄이 투하되었을 때 히로시마에서는 90,000 - 166,000명, 나가사키에서는 60,000 - 80,000 명 정도가 사망한 것으로 알려졌다.[2] 서울은 인구밀도가 커서 6-10배 정도로 많은 사상자가 발생할 것으로 추정되는 데, 15kt의 핵무기가 서울에 투하되어 폭발할 경우 500미터 상공이면 62만 명, 100미터 상공이면 84만 명, 지면폭발이면 125만 명의 사상자가 발생할 것으로 예측한 자료도 있다.[3] 한국 국방연구원에서 모의 실험한 자료에서도 20kt급 핵무기가 지면에서 폭발할 경우 24시간 이내 90만 명 사망과 136만 명의 부상을 초래할 뿐만 아니라 낙진에 의한 추가 피해 또한 발생할 것이라고 분석하고 있다.[4]

북한의 핵공격으로부터 국민들의 생명과 재산을 보호하기 위하여 한국이 채택하고 있는 가장 근본적인 대책은 한미동맹에 의존하는 것이다. 북한이 핵공격을 가할 경우 미국이 대규모 핵응징보복을 실시하겠다고 위협함으로써 북한의 핵무기 사용을 억제한다는 방법인

---

2) 허광무, 「한국인 원폭피해자(原爆被害者)에 대한 제연구와 문제점」, 『한일민족문제연구』, 제6호(2004). p.98.

3) Matthew G. McKinzie & Thomas Cochran, "Nuclear Use Scenarios on the Korean Peninsula", Natural Resources Defense Council, prepared for the Seminar on International Security Nanjing, China (October 12-15, 2004). http://docs.nrdc.org/nuclear/files/nuc_04101201a_239.pdf (검색일: 2016년 12월 1일).

4) 김태우, "북한 핵실험과 확대억제 강화의 필요성", 백승주 외, 『한국의 안보와 국방』(서울: 한국국방연구원, 2010), p.319.

데, 이것을 확장억제(extended deterrence)라고 부른다. 또한 한국은 한미연합사령부를 중심으로 한국의 상황과 여건에 맞도록 이러한 확장억제를 "맞춤형 억제전략"(tailored deterrence strategy)으로 구체화하고 있고, 군의 억제전략인양 사용하였으며, "4D 전략"(Detect, Disrupt, Destroy, Defend)으로 억제 실패 시 방어를 위한 조치를 강구하고 있다. 북한이 핵실험이나 탄도미사일 시험발사를 실시할 경우 미국의 전략자산이 한반도로 전개하고, 미국은 한국 방어에 대한 확고한 의지를 대내외에 공표하게 된다.

다만, 한국 내 일부에서는 한미동맹도 중요하지만, 한중관계도 중요하다는 의견이 적지 않고, 그것이 한국의 안보정책 특히 북핵대응 정책에도 상당한 영향을 주고 있다. 한중관계의 경우 1992년 수교한 이래 급속하게 관계가 발전되어 2008년 "전략적 협력 동반자관계"를 체결하였고, 경제협력의 규모는 급속히 증대되었다. 박근혜 대통령은 2015년 9월 3일 미국의 동맹국 지도자로서는 유일하게 중국의 전승(항일전쟁 및 세계 반(反)파시스트 전쟁 승리) 70주년 기념행사에 참석하면서 중국과의 관계를 증진하고자 노력하였다. 중국과의 관계 증진을 통하여 북핵문제를 해결할 수 있다는 기대가 존재하는 것도 사실이다. 특히 이러한 시각은 주한미군의 탄도미사일방어체제(BMD: Ballistic Missile Defense) 중 하나인 사드(THAAD: Terminal High Altitude Area Defense)의 한반도 배치를 둘러싸고 부각되고 있다. 일부에서는 한미동맹에 근거하여 사드를 배치해야 한다고 주장하지만, 일부에서는 사드의 배치를 중국이 반대하니 한중관계 개선을 위하여 사드 배치를 허용해서는 곤란하다면서 반대하고 있기 때문이다. 현재 사드의 배치가 추진되고는 있으나 이러한 입장차로 인하여 상당한 기간을 끌었고, 한미관계와 한중관계에도 적지 않은 영향을 끼쳤다.

따라서 본 연구에서는 북한의 핵위협이 심각해지고 있는 상황에서 한국이 한미동맹과 한중관계 사이에서 어떤 선택을 해야하는가를 사드 사례를 중심으로 살펴보고자 한다. 이를 위하여 강대국과 약소국 간의 비대칭동맹(asymmetrical alliance)에 관한 저명한 이론인 알트펠드(Michael F. Altfeld)의 "자율성-안보 교환"(autonomy-security trade-off) 이론[5]을 적용하고자 한다. 즉 제2장에서는 이 '자율성-앙보 교환' 이론을 소개하고, 그에 의하여 한미관계와 한중관계를 평가하고자 한다. 제3장에서는 북한 핵위협의 심각성을 설명하고, 그것이 한국에게 어떤 도전과제를 제시하고 있는 지를 분석하고자 한다. 그리고 제4장에서 사드배치를 중심으로 전개되어온 한국의 미국 및 대중관계의 실태를 살펴보고, 결론을 통하여 파악된 내용과 함의를 제시하고자 한다.

Ⅱ. 자율성-안보 교환 이론과 적용

1. 자율성-안보 교환 모델

동맹(alliance)은 특정 국가가 다른 국가의 힘을 빌려 국가의 안전

5) Michael F. Altfeld, "The Decision to Ally: A Theory and Test," *The Western Political Quarterly,* Vol.37, No.4 (Dec 1984), pp.523~544.

을 보장하기 위한 고전적 방법으로, 냉전시대의 유산으로서 미국을 중심으로 하는 비대칭이 대부분을 구성하고 있다. 이러한 비대칭 동맹에 관하여 서론에서 밝힌 바와 같이 알트펠드는 '자율성-안보 교환모델'을 제시하였는데, 그는 1984년 발표한 논문을 통하여 '국가안보,' '국민경제,' '자율성'이라는 세 가지가 교환적 관계라는 가설을 설정한 후 이것을 1824-1900년 동안 형성된 유럽의 동맹사례에 적용하여 검증하였다. 그가 내린 결론은 "비대칭동맹에서 약소국들은 동맹의 추가지원을 구매하는 대신에 일정한 자율성을 포기하며, 이로써 군비투자를 자제하여 결과적으로 경제력을 증대시킨다."는 내용이었고,[6] "이러한 교환이 성립되지 않을 경우 동맹은 형성되지 않거나 폐기된다."는 주장이었다.[7]

모로우(James D. Morrow) 또한 1991년 발표한 논문에서 "동맹은 안보와 자율성이라는 상충되는 목표 간의 선택을 요구하는데, 하나를 추구하고자 하면 다른 하나에서는 희생이 따라야 한다."[8]면서 알트펠드의 교환성을 더욱 부각시켰다. 즉 비대칭동맹에서 약소국들은 안보를 지원받는 대신에 강대국이 요구하는 정책을 수용하게 된다는 것이다. 약소국들은 "군사기지, 외교정책이나 국내정책의 조정과 같은 사항을 양보함으로써 강대국인 동맹국의 행동의 자유를 증대시키는 대신에 외부위협에 대한 보호력을 강화한다."[9] 그리고 강

---

6) Altfeld(1984), p.528.
7) Altfeld(1984), p.528.
8) James D. Morrow, "An Alternative to the Capabilities Aggregation Model of Alliances," *American Journal of Political Science*, Vol. 35, No. 4 (Nov. 1991). p.930.
9) Morrow(1991), p.905.

대국들은 세계 전략적 차원에서 대규모 군사력을 유지해야 하기 때문에 특정 국가와 동맹관계를 맺고 지원해주겠다고 한다고 해서 추가부담이 크게 늘어나는 것이 아니고, 약소국의 정책에 상당한 영향력 끼침으로써 자국의 이익을 강화할 수 있으며, 군사기지 사용이나 방위비분담 면에서 약소국으로부터 양보 받은 자율성 자체가 매우 요긴할 수 있다. 이와 같이 자율성-안보 교환으로 강대국과 약소국 모두의 이익이 충족되기 때문에 비대칭 동맹은 대칭동맹에 비해 더욱 매력적일 뿐만 아니라 오래 지속될 수 있다. 특히 두 동맹국 간의 능력 격차가 클수록 동맹의 지속성은 더욱 커진다.[10)]

안보-자율성의 교환은 동맹에만 적용되는 것은 아니다. 그러한 교환이 의무화된 것이 동맹이지만, 강대국과 약소국 간의 관계에서는 언제나 어느 정도 이 교환 관계가 작용한다. 동맹에 가까운 관계일수록 교환성이 강하고, 동맹에 먼 관계일수록 교환성이 약할 뿐이다. 최근 통상적인 국제관계와 동맹의 중간 상태로서 '동반자'(partnership)라는 용어가 사용되는데, 이것은 동맹과 달리 적이나 공통의 위협을 상정하지 않는 관계로서,[11)] 기본적으로 상대국에 대한 법적인 의무나 책임에 대한 규정이 없지만,[12)] 동반자관계조차 아닌

---

10) Morrow(1991), pp.905~906.

11) 유동원, "중러 전략동반자관계와 경제협력," 『국제정치연구』 제9집 2호(동아시아국제정치학회, 2006), p.254.

12) 나토(NATO: North Atlantic Treaty Organization, 북대서양조약기구)가 사용하는 '평화를 위한 동반자관계'(PfP: Partnership for Peace)는 동맹에 관한 핵심적인 내용인 나토헌장 제5조, 즉 회원국에 대한 무력공격이 있을 경우 이를 지원한다는 조항은 적용하지 않는 관계이다. 이수형, "북대서양조약기구(NATO)의 지구적 동반자관계: 유럽 역내외 관련 국가들의 입장과 한미동맹에 대한 함의," 『국방연구』 제53권 1호(국방대학교 안보문제연구소, 2010), p.5.

관계에 비해서는 '안보-자율성의 교환'이 적용된다고 봐야 한다. 모로우는 안보와 자율성이라는 두 개의 축을 사용하여 이들의 교환성을 설명하고 있는데, 이것을 보통관계와 동반자관계까지 확대하면 <그림 1>과 같을 수 있다.

〈그림 1〉 약소국 국제관계에서의 자율성과 안보 관계

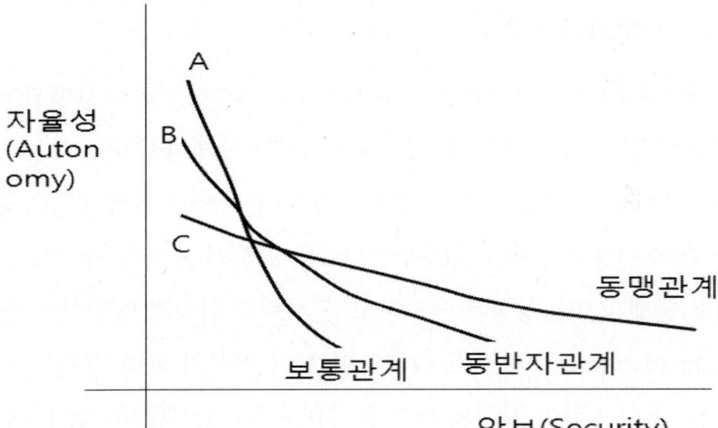

출처: Morrow(1991), p. 917의 도표에 A와 B 곡선을 추가

<그림 1>을 보면, 곡선A는 보통의 국제관계이고, 곡선C는 동맹관계이며, 그 사이의 곡선B는 동반자관계인데, 이들 모두 어느 정도의 자율성과 안보를 교환하게 된다. 다만, 곡선A에서 보듯이 보통의 국제관계에서는 약소국의 자율성이 기본적으로 높은 상태로서, 이를 양보하더라도 강대국의 안보지원을 받을 수 있는 정도는 크지 않다. 반면에 곡선C는 동맹관계인데, 기본적으로 자율성이 다소 침해받고 있는 상황이지만 자율성을 양보함에 따라 안보가 늘어나는 정도가

크다. 당연히 동반자관계는 동맹과 보통관계의 중간으로서 자율성의 침해 정도도 적지만, 자율성 양보를 통한 안보의 증대 정도도 작다. 결국, 이 중에서 어떤 방식을 선택할 것이냐는 것은 해당 국가의 선택일 것인데, 자율성도 보장하면서 안보지원도 증대시킬 수는 없다는 점을 분명히 이해해야 한다.

2. 한미동맹의 경우

한국은 1953년 미국과 상호방위조약을 체결함으로써 동맹관계를 맺게 되었는데, 그 당시 한국은 워낙 저발전 상태여서 비대칭 동맹의 약소국이 되지 않을 수가 없었다. 그 동안 한국의 경제성장으로 국력이 크게 신장되었지만, 인구나 국토 등 고정적 요소의 차이가 워낙 커서 동맹의 비대칭성은 여전하고, 군사력과 외교적 영향력 등 연성요소(smart power)까지 고려한다면 한미 양국의 국력 격차는 더욱 커질 것이다. 한미 양국의 주요 국력요소를 비교해보면 <표 1>과 같은데 경제력의 차이도 아직은 1: 10으로 차이가 크다.

〈표 1〉 한국과 미국의 주요 국력요소 비교

항목	미국	한국	비율
인구	3억 2,400만 명	5, 092만 명	6.4 : 1
면적	983만 ㎢	10만 ㎢	98 : 1
경제력	18조 달러(PPP)	1.85조 달러(PPP)	10 : 1

출처: Central Intelligence Agency. The World Fact book. https://www.cia.gov/library/publications/the-world-factbook (검색일: 2016년 12월 31일).

비대칭동맹에서 미국의 안보지원을 확보하기 위하여 한국은 자국의 군대를 유엔군사령부의 작전통제 하에 두는 것에 동의하였고, 평시 작전통제권을 환수한 이후에도 전시 즉 방어준비태세(DEFCON)-3(5단계가 평시이고, 1단계가 전쟁임박인데, 현재 한국은 4단계로 유지하고 있다)이 되면 미군 대장이 한미연합사령관으로서 한국군을 작전 통제하도록 자율성을 양보하고 있다.[13] 한국은 1991년 3억 달러에서 시작하여 2014년에는 그 규모가 9,200억 원(약 9억 달러)에 이를 정도로 주한미군의 주둔경비를 지원하고 있다.[14] 또한 대부분의 외교적 사안에서 한국은 미국의 입장을 전폭적으로 수용 및 지지하고 있다.

한국의 자율성 양보에 대한 교환으로 미국은 주한미군(USFK: United States Forces Korea)을 주둔시켜 안보를 제공하고 있는 바, 6.25 전쟁 종료 시인 1953년에는 325,000명까지 주둔하다가 60년대까지 60,000명, 70년대부터 90년대까지는 40,000명, 2000년대에는 30,000명 수준으로 감소되어[15] 현재는 28,500명에 불과하지만, 미국 안보 공약 이행을 보장하는 상징적 역할은 변하지 않고 있다. 주한미군을 중심으로 한미 양국군은 한미연합사령부(CFC: ROK-US Combined Forces Command)를 구성하고 있고, 연합으로 작전계획을 발전 및 연습함으로써 한반도의 전쟁억제와 유사시 승리를 보장

---

13) 국방부 군사편찬연구소. 『한미동맹 60년사』(서울: 국방부 군사편찬연구소, 2013), p.79.

14) 박휘락. "방위비분담 현황과 과제 분석: 이론과 사례 비교를 중심으로." 『국방정책연구』 제30권 제1호(한국국방연구원, 2014), p.154.

15) 국방부 군사편찬연구소. 『한미군사관계사 1871-2002』(서울: 국방부 군사편찬연구소, 2003), p.677.

하고 있으며, 유사시에는 대규모 증원군이 제공되도록 되어 있다.

3. 한중관계의 경우

한국과 중국은 2008년 ‘전략적 협력 동반자관계’를 체결하였다. 동반자관계의 의무를 명확하게 규정해둔 것은 아니지만, 보통의 관계보다 긴밀한 것은 분명하다. <표 2>에서 보듯이 중국과 한국은 미국과 한국만큼은 아니지만 비대칭성이 적지 않고, 따라서 다소 간의 ‘자율성-안보 교환관계’가 존재한다고 봐야 한다.

〈표 2〉 한국과 미국의 주요 국력요소 비교

항목	중국	한국	비율
인구	13억 7,354만명	5, 092만 명	27 : 1
면적	933만㎢	10만 ㎢	93 : 1
경제력	19.4조 달러(PPP)	1.85조 달러(PPP)	11 : 1

출처: Central Intelligence Agency. The World Fact book. https://www.cia.gov/library/publications/the-world-factbook (검색일: 2016년 12월 31일).

한중관계의 경우 1992년 수교 이래 급속하게 관계가 발전되었고, 참여정부에서는 미국과 중국 사이에서 균형외교를 추진할 정도로 중국에 대한 기대가 컸다. 2008년 ‘전략적 협력 동반자관계’를 체결한 이후 그 관계는 더욱 긴밀해져서 중국은 한국의 제1 교역 상대국이 되었다. 한국의 대중 수출규모는 1992년 약 26.5억 달러에서 2014년 약 1,453.3억 달러로 약 54.8배, 수입은 동기간 약 37.2억 달러에서 900.7억 달러로 약 24.2배 증가하였다.[16] 중국은 북한의 비핵화를 위한 중요한 기구인 6자회담의 주도국일 뿐만 아니라 북한에게 가장 영향력이 높은 국가이다. 그래서 한국은 미국이 주도하는 '환태평양 경제동반자 협정'(TPP: Trans-Pacific Partnership)에 가입하지 않으면서도 중국이 주도하는 '역내포괄적경제동반자협정'(RCEP: Regional Comprehensive Economic Partnership)에는 가담하였고, 박근혜 대통령은 2015년 9월 3일 미국의 동맹국 지도자로서는 유일하게 중국의 전승(항일전쟁 및 세계 반(反)파시스트 전쟁 승리) 70주년 기념행사에 참석하면서 중국과의 관계를 증진하고자 노력하였다.

중국의 입장에서도 한국의 유용성은 낮지 않다. 한국은 중국의 4번째 수출 및 교역 상대국이고,[17] 미국과의 전략적 경쟁이나 일본과의 세력 각축이 강화됨에 따라 그 전략적 가치는 더욱 커지고 있다. 그래서 시진핑 주석은 취임 후 첫 방문국가로 한국을 선정하여 2014년 7월 한중 정상회담을 갖기도 하였다. 중국은 북한의 핵무기 개발에 반대해왔고, 북한의 핵개발로 인하여 결정된 유엔의 경제제재안을 충실히 이행한다는 입장이다. 비록 동맹관계는 아니지만 한국과 중국 간의 관계가 보통의 관계보다 긴밀해진 상태이고, 이것이 유지되기 위해서는 서로 간에 '자율성-안보 교환'이 다소 간 기능해야 할 것이다.

16) 현대경제연구원, "한중 경제 관계의 중요성과 나아가야할 방향," 『현안과 과제』, 16-8호(현대경제연구원, 2016년 3월 9일), p.2.

17) 현대경제연구원(2016), pp.2~3.

Ⅲ. 북한의 핵위협과 평가

1. 북한의 핵능력

북한은 2006년 10월 9일, 2009년 5월 25일, 2013년 2월 12일, 2016년 1월 6일, 2016년 9월 9일 등 다섯차례의 핵실험을 실시하였고, 그 결과 핵무기의 소형화·경량화는 물론이고, 증폭핵분열탄(boosted fission bomb)의 개발, 핵탄두의 표준화·규격화까지도 성공하였다고 주장하고 있다. 미국의 물리학자로서 북한 핵문제 전문가인 올브라이트(David Albright) 박사는 2016년 6월 현재 북한이 13-21개의 핵무기를 보유하고 있다고 판단하고 있다.[18] 그는 2015년 초에 북한이 2020년에는 최대 100개까지 증대시킬 수 있을 것으로 분석하기도 했다.[19]

북한은 미사일에 핵탄두를 탑재하여 공격할 능력도 구비하였다고 판단된다. 스커드-B는 1t, 스커드-C는 0.7t, 노동미사일이 0.7t, 무수단미사일이 0.6t의 탄두를 탑재할 수 있는데,[20] 제5차 핵실험후 표준화·규격화에 성공하였다는 주장으로 살펴볼 때 이들 미사일을 통한 핵공격은 가능한 수준이라고 봐야할 것이다. 북한은 현재 스커드-B

---

18) David Albright and Serena Kelleher-Vergantini, "Plutonium, Tritium and Highly Enriched Uranium Production at the Yongbyon Nuclear Site," *Imagery Brief* (Institute for Science and Intaernational Security) (June 14, 2016), p.1. http://isis-online.org/uploads/isis-reports/documents/Pu_HEU_and_tritium_production_at_Yongbyon_June_14_2016_FINAL.pdf(검색일: 2016년 12월 23일).

19) David Albright, "Future Directions in the DPRK's Nuclear Weapons Program: Three Scenarios for 2020," North Korea's Nuclear Futures Series (U.S.-Korea Institute at SAIS, 2015), pp.19~30.

20) 국방부, 『2014 국방백서』(서울: 국방부, 2014), p.241.

와 스커드-C를 합하여 200~600기 이상 운영 중이고, 노동 미사일을 90~200기 정도 배치한 것으로 알려져 있고,[21] 다수의 이동식 미사일 발사대도 보유하고 있어서 기습적으로 핵미사일 공격을 감행할 수 있다.

나아가 북한은 2012년 12월 12일 '은하 3호', 2016년 2월 7일에는 광명성 4호를 발사함으로써 장거리 미사일 기술을 과시하였고, 2016년 9월 20일에는 ICMB에 사용할 수 있는 대형 탄도미사일 엔진 시험에도 성공하였다고 발표하였다. 또한 북한은 잠수함발사 미사일(SLBM: Submarine Launched Ballistic Missile)의 개발에도 노력하여 2016년 8월 24일에는 500㎞를 비행하는 데 성공하였다. 김정은이 "미 본토와 태평양작전지대는 이제 우리의 손아귀에 확실하게 쥐여져 있다"한 바와 같이[22] 북한은 SLBM을 장착한 잠수함으로 미 본토를 공격할 능력을 구비해 나가고 있다.

이렇게 볼 때 북한은 최소한 13개 이상의 핵무기를 보유하고 있고, 다양한 형태의 핵미사일로 한국을 공격할 수 있다. 앞으로 북한은 ICBM이나 SLBM의 개발에 집중적인 노력하여 미 본토를 공격하겠다고 위협함으로써 미국의 한국 지원을 차단하고자 노력할 것이다.

2. 사용 가능성

북한 핵무기를 사용할까라는 질문은 우문(愚問)이다. 상대방의 의

---

21) 장철운, "남북한의 지대지 미사일 전력 비교: 효용성 및 대응. 방어 능력을 중심으로", 『북한연구학회보』, 19권 1호(2015), pp.131~132.

22) 연합뉴스』(2016년 8월 25일).

도는 누구도 확신할 수 없을 뿐만 아니라 그 의도는 언제나 바뀔 수 있기 때문이다. 또한 국방은 선택적으로 대비하는 것이 아니라 최악의 상황에서도 국민들을 보호할 수 있도록 만전을 기하는 것이다.

북한은 한반도 공산화를 위하여 핵무기를 사용하거나 사용하겠다고 위협할 가능성이 높다. '전한반도의 공산화'는 북한의 국가 및 군사정책이고, 지금까지 포기한 적이 없이 때문이다.[23)] 2010년 개정된 노동당 규약 서문에서도 "조선노동당의 당면목표는 공화국 북반부에서 사회주의 강성대국을 건설하며, 전국적 범위에서 민족해방 인민민주주의 혁명과업을 실천하는 것"이라고 명시하고 있다. 2010년 4월 9일 수정된 헌법의 제9조에서도 "자주, 평화통일, 민족대단결의 원칙에서 조국통일을 실현하기 위하여 투쟁한다"라고 되어 있다.[24)] 그리고 북한은 핵무기 개발 이후 통일을 부쩍 강조하고 있고, 2016년 6월 29일 최고인민회의에서는 당 외곽조직이던 조국평화통일위원회(조평통)를 정식 국가기구로 승격시키고, 김정은이 통일문제를 직접 관할하겠다는 의도를 드러내기도 하였다.[25)]

실제로 북한은 2013년 4월 1일 채택한 "자위적 핵보유국의 지위를 더욱 공고히 할 데 대한 법" 제 5조에서 "적대적인 핵보유국과 야합해 우리 공화국을 반대하는 침략이나 공격행위에 가담하지 않는 한 비핵국가들에 대하여 핵무기를 사용하거나 핵무기로 위협하지

---

23) 이윤식, "북한의 대남 주도권 확보와 대남전략 형태," 『통일정책연구』, 제22권 1호(2013), p.213; 김강녕, "북한의 대남도발과 한국의 대응전략," 『군사발전연구』, 제6권 3호(2015), p.4.

24) 조선인민민주의국화국 사회주의헌법, 제9조. 통일부 홈페이지. http://unibook.unikorea.go.kr/?sub_num=53&state=view&idx=369(검색일: 2016년 11월 28일).

25) 『조선일보』(2016년 7월 1일), p.A5.

않는다."라고 밝힘으로써,[26] "적대적인 핵보유국"인 미국과 그에 "야합"하는 한국에 대해서는 핵무기를 사용할 수도 있다는 점을 명시한 상태이다. 나아가 북한은 핵무기 사용으로 위협하는 발언을 수시로 공개하였는데, "강력한 핵 선제 타격",[27] "핵전쟁 터지면 청와대 안전하겠나,"[28] "선제 핵타격은 미국의 독점물이 아니다"[29] 등의 발언이 그것이다. 과장이 존재할 수도 있지만, 방어하는 입장에서는 핵무기 사용가능성을 배제하기가 어려운 상황임은 분명하다.

재래식 군사력의 질과 전쟁지속력이 약한 북한의 입장에서는 핵무기를 중심으로 하는 군사전략을 구사할 수밖에 없다.[30] 재래식 전쟁으로는 남한 무기의 질과 경제력을 대적할 수 없기 때문이다. 나아가 상당한 숫자의 핵무기를 개발함으로써 응징보복을 받지 않을 가능성이 있다고 할 경우 핵무기를 "먼저 사용"(first use)하는 방향으로 전략을 채택할 가능성도 배제할 수는 없다.[31] 핵무기 사용의 가능성까지도 고려한 대응전략이 수립되어야 하는 이유이다.

3. 북한의 핵위협이 주는 한국의 미중관계에 대한 요구

북한의 심각한 핵위협은 한국에게 딜레마를 제공한다고 인식될

---

26) 권태영 외, 『북한 핵·미사일 위협과 대응』(서울: 북코리아, 2014), p.196.
27) 『조선일보』(2013년 4월 22일), p.A3.
28) 『조선일보』(2014년 11월 24일), p.A1.
29) 『연합뉴스』(2016년 10월 17).
30) 홍우택, 『북한의 핵·미사일 대응책 연구』(통일연구원 연구총서, 2013), pp.18~19.
31) Joel S. Wit and Sun Young Ahn, *North Korea's Nuclear Futures: Technology and Strategy,* North Korea's Nuclear Future Series, U.S.-Korea Institute at SAIS (2015), pp.29~30.

수 있다. 북한의 핵사용을 억제하거나 핵공격으로부터 국민들을 보호하고자 한다면 미국과의 동맹을 강화하여 미국의 확장억제를 더욱 확실하게 보장받아야 한다. 세계 최대 핵강대국인 미국과의 동맹관계야말로 가장 최선의 해결책일 것이기 때문이다. 동시에 북한의 핵위협 차단을 위해서는 중국과의 협력도 필요할 수 있다. 북한에 대하여 가장 강력한 영향력을 끼칠 수 있는 것은 중국일 것이기 때문이다. 중국이 북한의 비핵화에 적극적으로 나선다면 북한의 핵무기 증강도 막을 수 있고, 나아가 핵무기 폐기까지도 가능할 것이다.

문제는 한미동맹과 한중관계가 양립하기 어렵다는 점이다. 미국과 중국은 세계적으로는 물론이고, 지역적으로도 분명한 전략적 경쟁관계에 있고, 남중국해 등을 비롯하여 상당한 갈등의 소지를 보이고 있다. 최근 미국의 트럼프 행정부가 출범하면서 무역분야에서의 갈등소지도 커지고 있어 이러한 전략적 경쟁은 더욱 심각해질 가능성이 높다. 한국이 아무리 양국 사이에서 균형된 정책을 취하고자 하더라도 미국과 중국은 그것을 허용하지 않을 가능성이 높다. 강대국과 약소국의 관계에 대한 비대칭 동맹에서는 '자율성-안보 교환'이 발생할 수밖에 없기 때문이다. 즉 미국은 한국에게 자신과의 동맹관계에 치중하기를 바라고, 중국은 미국과의 관계를 약화시킬 것을 요구하고 있으며, 이것은 양립할 수 있지 않다.

더욱 냉정하게 봐야할 사항은 일견 딜레마로 보이는 한국의 대미 및 대중관계가 실제로는 그렇지 않을 수 있다는 사실이다. 한국과 미국은 동맹관계이지만, 한국과 중국은 '전략적 협력 동반자관계'라는 수사적인 관계에 불과할 것이기 때문이다. 그리고 중국은 핵무기를 개발하고 있는 북한과 동맹관계이다. 따라서 한국이 노력하더라도 중국은 한국을 지원할 수가 없는 상황이다. 다시 말하면, 한국은 미국과 중국 사이에서 고민하지 않아야할 사항을 고민해왔고, 그것이 한국의 북핵대응을 비효율적으로 만들고 있을 수 있다. 그리고 이것은 주한미군의 사드 배치를 둘러싼 논란에서 입증되고 있다.

Ⅳ. 사례 분석: 사드배치의 경우

1. 경과

주한미군의 사드 배치는 한국의 미흡한 탄도미사일 방어체제로 인하여 자국국이 위험하다고 생각한 미국이 그 필요성을 인식하여 제기함으로써 촉발되었다. 즉 2014년 5월 28일(현지 시각) 제임스 윈펠드(James A. Winnefeld) 미 합참차장은 "사드의 한국 배치 검토 중"이라고 말하였고,[32] 이어서 2014년 6월 3일 스캐퍼로티(Curtis Scaparatti) 한미연합사령관은 본국에 "사드 전개(배치)를 요청"하였다고 언급하였다.[33] 미군은 PAC-3를 2개 대대를 한반도에 배치한 상태라서 하층방어력은 구비하고 있지만, 이로써는 안심할 수 없기에 한번 더 요격하는 상층방어용의 사드가 필요하다는 논리였다. 이것은 사거리가 길어서 한국의 탄도미사일 방어에도 도움을 줄 것이라는 점에서 한국이 반대할 것이라고는 생각하지 못했을 것이다.

32) 『조선일보』(2014년 5월 30일), p.A1.
33) 『조선일보』(2014년 6월 4일), p.A1.

그러나 스캐피로티 사령관의 사드 배치 관련 내용이 언론에 보도되자 한국내 진보성향의 인사들은 사드 배치의 위험성을 강조하면서 적극적인 반대 주장을 제기하였다. “미국이 한국 내 배치를 검토 중인 사드가 ‘북한뿐만 아니라 중국과 러시아와 같은 인접국까지 커버’할 수 있다...중국은 미국의 한국 내 MD 배치를 동북아의 화약고인 한반도에 미국이 위험한 인화물질을 갖다놓는 것으로 여긴다...미국 주도의 MD가 중국 자신을 겨냥하고 있다고 믿고 있기 때문이다”[34]라는 주장이었다. 이러한 논리를 바탕으로 『싸드(THAAD)』라는 소설도 발간되어 다수의 국민들에게 읽히면서 사드 배치 반대 주장은 삽시간에 한국사회에 확산되었다. 이 책에서는 픽션과 논픽션을 혼합하여 “한국이 싸드를 받는다면 미국 편에 서서 중국과 전쟁을 하자는 뜻에 다름 아닙니다...중국은 반드시 복수를 합니다”라는 논리를 전개하고 있다.[35]

사드를 둘러싼 한국에서의 논란은 중국에까지 전달된 것으로 판단된다. 한중 양국 지식인들과 언론이 서로의 입장을 적극적으로 전달 및 공유하였고, 한국에서 강조되는 반미성향의 주장은 중국에게 상당히 유리한 요소였기 때문이다. 급기야 2014년 7월 한중 정상회담에서 시진핑 주석은 박근혜 대통령에게 한국이 주권국가임을 언급하면서 미국의 사드 배치를 허용하지 않도록 요청하였다.[36] 비록 이 내용이 공식적으로 공개된 것은 아니나 한국 정부에게 상당한 압박으로 작용하였고, 또한 이후에 중국의 관리들이 방한할 때마다 사

---

34) 『프레시안』, 2014년 6월 2일.

35) 김진명. 『싸드(THAAD)』(서울: 새움, 2014), p.289.

36) 『조선일보』(2015년 3월 17일), p.A1.

드 배치에 대한 반대 주장을 강력하게 제기한 배경이 된 것으로 보인다.

즉 2014년 후반기부터 2015년 초반기에 걸쳐 중국의 관리들은 한반도의 사드 배치에 대한 그들의 반대입장을 적극적으로 표명하였고, 이것은 한국의 정책결정에도 상당한 영향을 끼쳤다. 2014년 11월 26일 한국 국회에서 추궈홍(邱國洪) 주한 중국대사는 사드 배치에 관한 중국의 부정적 입장을 공개하였고,[37] 2015년 2월 4일 서울에서 열린 한중 국방장관 회담에서 창완취안(常萬全) 중국 국방부장(장관)도 중국군 수뇌부로서는 처음으로 의제에 없던 사드 문제를 꺼내었으며,[38] 3월 중순에는 류진차오(劉建超) 중국 외교부 부장조리가 방한하여 사드 배치를 둘러싼 압력성의 발언을 공개하였다.[39] 비록 명확한 이유를 제시하지 않았지만 중국이 사드 배치를 불편하게 생각한다는 것은 분명하다고 봐야 한다.

따라서 한국 정부는 동맹정신에 의해서만 사드 문제에 접근할 수 없었고, 따라서 미국과의 협의 사실을 부정하거나 가능하면 침묵을 지키는 태도를 보였다. 중국 국방부장의 방문 후 한민구 국방장관은 "미측이 사드 배치를 결정하거나 협의한 바가 없으며"라고 설명하였고,[40] 중국 외교부장 조리의 방문 이후 청와대는 사드 배치에 관한 "(미국의) 요청, 협의, 결정이 없었다"는 소위 "3 No"라는 입장을 발표하였다.[41] 한국 정부도 사드의 배치 문제가 한미동맹 및 한중관계

37) 『뉴시스』(2014년 11월 26일).
38) 『조선일보』(2015년 2월 5일), p.A6.
39) 『조선일보』(2015년 3월 17일), p.A1.
40) 『조선일보』(2015년 2월 5일), p.A6.

에서 심각한 사안이 되었다고 판단하였고, 따라서 두가지 관계를 모두 훼손할 수 없다는 판단에서 신중한 자세를 취하게 되었을 것이다.

2016년 1월 6일 북한이 제4차 핵실험을 실시한 후 수소폭탄의 개발에 성공하였다고 발표함으로써 핵위협이 심각해지자 한국에서는 사드의 배치 필요성이 강조되기 시작하였다. 2016년 1월 13일의 연두 기자회견에서 박근혜 대통령은 "주한 미군의 사드 배치 문제는 북한의 핵, 미사일 위협, 이런 것을 감안해가면서 우리의 안보와 국익에 따라서 검토해 나갈 것"이라는 입장을 표명하였다.[42] 야당에서도 "북한 핵무장에 가장 좋은 대비책은 미국이 한국에 사드를 배치하는 것"이라면서 "그동안 (사드 배치를) 주저한 것은 중국의 강력한 반대 때문인데, 중국도 지금 상황에서 자위권 차원의 사드 배치를 반대할 명분이 없다"고 사드 배치를 요구하게 되었다.[43] 언론에서도 사드가 중국의 군사활동을 탐지한다든가, 사드가 배치되면 한국이 미국 미사일방어 체계의 전진기지가 될 것이라는 등의 주장은 오해라는 사실이 발표되기도 하였다.[44] 그러다가 2016년 2월 7일 북한이 장거리 미사일 시험발사까지 실시하자 한미 양국군은 사드 배치를 둘러싼 협의를 시작하겠다는 내용을 발표하였고, 2016년 7월 8일 성주지역에 배치하겠다고 결정하였으며, 현재 2017년 내 완료한다는 일정으로 추진해 나가고 있다.

---

41) 『연합뉴스』(2014년 3월 11일).
42) 『조선일보』(2016년 1월 14일), p.A3.
43) 『연합뉴스』(2016년 1월 14일).
44) 『동아일보』(2016년 1월 20일), p.A3.

2. 미국의 입장

한국과 미국은 1953년 동맹조약에 합의함으로써 한반도 유사시에는 미국이 적극적인 안보지원을 제공하도록 제도화되었고, 이를 위한 다양한 체제를 구축해왔다. '한미안보협의회의'(SCM: Security Consultative Meeting)라는 명칭으로 양국 국방장관이 매년 1회 교대로 만나서 안보에 관한 전반적인 사항을 토의하고, '한미군사위원회회의'(MCM: Military Committee Meeting)를 통하여 양국 합참의장이 정기적으로 군사상황을 협의한다. 무엇보다 28,500명의 주한미군(육군 19,200명, 공군 8,800명, 해군 250명, 해병대 250명)이 주둔하여 유사시 미군 증원을 위한 인계철선(trip wire)으로 기능하고 있다. 특히 미국은 안보공약이 확실함을 과시하고자 북한이 도발하거나 도발의 징후가 보일 때마다 전략 폭격기, 잠수함, 항공모함 등을 출동시키곤 한다.

현재 상태에서 한국에게 가장 절실한 것은 북한의 핵무기 공격 시 미국이 확장억제 개념에 의하여 북한에 대하여 철저한 응징보복을 가하겠다는 약속과 이의 이행이다. 자체 핵무기를 보유하지 않고 있는 한국으로서는 미국의 확장억제 약속없이는 북한의 핵무기 사용을 억제할 수 없기 때문이다. 따라서 한미 양국군은 2013년부터 '맞춤형 억제전략'을 완성하여 북한 핵무기의 위협단계, 사용임박단계, 사용단계로 나눠서 취해야할 조치들을 개발해왔고, 최근에는 탐지(Detect)· 교란(Disrupt)· 파괴(Destroy)· 방어(Defend)라는 '4D' 개념으로 응징보복과 방어를 위한 대응계획을 더욱 구체적으로 발전시키고 있다.[45]

미군이 사드를 배치하려는 의도도 안보공약 준수와 관련이 깊다. 사드는 기본적으로 주한미군의 생존성을 강화하기 위하여 배치하려는 것이지만, 주한미군의 생존성을 강화해야 미군이 안정된 가운데서 전쟁억제와 방어에 집중할 수 있기 때문이다. 사드의 방어 범위가 넓기 때문에 당연히 한국도 상당한 혜택을 입게 된다. 한반도는 좁아서 1-2개 포대만 배치하면 남한 전체에 대하여 상층방어를 제공할 수 있기 때문이다.[46] 미국은 현재 5대 포대를 보유하고 있고 2개 대대를 추가로 구매해둔 상태라서,[47] 상황이 심각해질 경우 금방 수송기로 한반도에 추가 포대를 배치할 수도 있다. 스캐퍼로티 한미연합사령관들의 건의, 미국관리들의 간헐적 발언, 헤리티지 연구소의 보고서를 보면,[48] 미군은 사드 배치가 필요하다고 판단하고 있다.

미국의 입장에서 보면, 환영하는 것은 물론이고 다소의 댓가로 치루면서거 사드 배치를 수용해야할 한국이 이에 관하여 내부적으로 논란을 벌이고, 중국의 입장을 고려하여 머뭇거리고 있는 것을 아무렇지도 않게 생각할 수는 없다. 미국은 사드 배치를 포함하여 적극적으로 한국의 안보를 지원하고자 하는데, 한국은 자율성을 제대로 양보하지 않고 있다는 증거이기 때문이다. 그래서 사드를 둘러싼 한국

---

45) 『조선일보』(2014년 4월 27일), p.A1.

46) Michael Elleman and Michael J. Zagurek, Jr.. “THAAD: What It Can and Can't Do,” 38th North (March 10, 2016), p. 4. http://38north.org/wp-content/uploads/2016/03/THAAD-031016-Michael-Elleman-and-Michael-Zagurek.pdf (검색일: 2016년 4월 7일).

47) U.S. Missile Defense Agency homepage. www.mda.mil/system/thaad.html (검색일: 2016년 11월 16일)

48) KIingner, Bruce. “South Korea Needs THAAD Missile Defense.” *Backgrounder* (The Heritage Fundation) (June 12. 2015).

내의 논란이 가열되었을 2015년 7월 경 미국의 워싱턴 정가에서는 한국의 외교정책이 ”친중(親中) 비미(非美)“라면서 의심하였고,[49] 한국형 전투기(KF-X) 개발에 필요한 핵심기술의 이전을 거부한 것도 한국의 진의를 의심한 결과라는 한국 언론의 보도도 있었다.[50] 실제로 오바마 대통령은 박근혜 대통령이 방문하였을 때 남중국해에서 중국이 국제규범을 준수하지 않는 데 대하여 한국이 분명한 입장을 취해줄 것을 요청한 적도 있다.[51] 사드 논란을 “한국의 미중 관계에 대한 리트머스 시험지”로 보는 측면이 전혀 없다고 할 수 없다.[52]

지체되었지만 한국이 사드 배치를 결정하고 추진해 나감으로써 한국에 대한 미국의 의구심은 다소 약화되었을 것이다. 그러나 한국이 협의에 소극적이거나 중국의 입장을 지나치게 고려할 경우 미국은 다시 한국의 자율성 양보 정도에 회의를 품게될 것이고, 그렇게 되면 유사시 안보공약 자체를 재고하게될 가능성도 없다고 볼 수 없다. 새로운 미국의 대통령으로 임기를 시작한 트럼프(Donald Trump)는 한국이 방위비분담을 늘리지 않을 경우 주한미군을 철수시킬 수 있다거나 북한과 한국이나 일본이 전쟁을 하더라도 그것은 한국과 일본의 일이라면서 고립주의적인 성향을 노골화한 적도 있다.[53] 사드의 한반도 배치를 둘러싼 논란이 지속될 경우 유사시 한반도 안보지원에 대한 미국 국민들의 부정적 여론은 급격히 커질 수 있다.

---

49) 『동아일보』(2015년 7월 21일), p.A34.
50) 『중앙일보』(2015년 10월 17일), p.4.
51) 『연합뉴스』(2015년 10월 20일).
52) Mark E. Manyin, et al., “U. S. -South Korea Relations,” *Congressional Research Service Report*, R41481 (2015), p.14.
53) 『중앙일보』(2016년 4월 4일), p.8.

3. 중국의 입장

한국에서는 '전략적 협력 동반자관계'에 근거하여 한반도 평화에 대한 중국의 적극적인 역할을 기대하는 경향이 있었다. 2008년 8월 25일 이 관계에 합의한 후 이명박 대통령은 "지금까지 경제· · 문화 교류 중심의 양국 관계를 정치 · 안보 분야로까지 확대해 나가기로 했다"고 설명한 바 있다.[54] 청와대 국가안보실에서 2014년 발간한 『국가안보전략』에서도 중국과의 전략적 협력 동반자관계를 바탕으로 "북핵과 통일문제 등 한반도의 핵심사안에 대한 전략적 소통과 협력을 강화"해 나가겠다는 점을 목표의 하나로 제시하고 있다.[55] 이러한 연장선 상에서 한국은 미국이 주도하는 '환태평양 경제동반자 협정'(TTP: Trans-Pacific Partnership)에는 가입하지 않았고, 반면에 TTP에 대항하여 만들었다는 것을 알면서도 오랫동안의 고민 끝에 중국이 주도하는 '아시아 인프라투자은행(AIIB: Asia Infrastructure Investment Bank)에는 가입하였던 것이다.

그러나 '전략적 협력 동반자관계'에 대한 중국의 인식은 한국의 그것과 다른 것으로 보인다. 중국 스스로가 이 관계의 내용을 명확하게 정의해둔 것이 없고, 1993년 브라질과 동반자관계를 시작한 후 2014년 6월 현재 미국, 소련, 한국을 포함한 47개국 및 3개 국제기구와 동반자관계를 체결해두고 있듯이[56] 특별한 관계라고 보기도 어

---

54) 『조선일보』(2008년 8월 26일, p.A1.

55) 국가안보실, 『희망의 새시대 국가안보전략』(청와대: 국가안보실, 2014), p.87.

56) Feng Zhongping and Huang Jing, "China's strategic partnership diplomacy: engaging with a changing world," *European Strategic Partnership Observatory Working Paper 8* (June 2014), pp.18~19. http://fride.org/descarga/WP8_China_strategic_partnership_diplomacy.pdf(검색일: 2015년 11월 16일).

렵다. 실제로 한국과 중국이 동반자관계를 체결한 이후인 2010년에 북한의 어뢰정이 한국의 군함인 천안함을 폭침시켰지만, 중국의 원자바오(溫家寶) 총리는 "한반도의 평화와 안정을 파괴하는 어떤 행동에도 반대하고 규탄한다"라는 원론만 되풀이 하였고,[57] 유엔안보리에서 북한에 대한 제재를 논의할 때도 거부권을 무기로 방해하여 결국 결의안이 아닌 '의장성명'(Presidential Statement)에 그치도록 하였다. 또한 몇 달 후 북한의 포병이 한국의 영토인 연평도를 대낮에 포격했음에도 중국은 문제의 원인이 분쟁지역 내에서 한국이 실행한 군사훈련 때문이었음과 중국은 중립이라는 점, 그리고 분쟁의 무력해결을 반대한다는 입장이었다.[58] "연평도 사건으로 인해 한국과 중국 사이에는 인식의 차이(perception gap)과 기대의 차이(expectation gap)가 구조화되었다"고 평가되기도 하지만,[59] 원래부터 중국에게 "전략적 협력 동반자관계"는 큰 의미를 갖는 관계가 아니었다고 봐야할 것이다.

대신에 '전략적 협력 동반자관계' 체결 이후 중국은 한국에 대한 간섭을 강화하는 모습을 보이고 있고, 이것은 사드 배치에 관하여 전형적으로 나타나고 있다. 사드가 방어용의 무기이고, 이를 배치하는 것은 북한의 핵미사일 위협을 방어하기 위한 것이 명백함에도 중국은 다양한 경로를 통하여 한국에게 미국의 사드 배치를 허용하지 말

57) 『조선일보』(2010년 5월 31일), p.A1.
58) 정재호, "대한민국과 중화인민공화국 간의 외교: 2012년, 1992년 그리고 1972년으로의 회고와 평가," 『중국근현대사연구』, 제56집(2012), p.35.
59) 이희옥, "중국과 동아시아 : 연평도 포격사건을 보는 중국의 눈," 『동아시아 브리프』, Vol.6, No.1(2011) p.49.

것을 지속적으로 압박하고 있는 것이다. 2014년 7월 시진핑이 방한하여 박근혜 대통령에게 이러한 요구를 한 이래로 2015년 2월 중국 국방부장, 2015년 3월 중국 외교부 부장조리가 방한하여 노골적인 압력을 행사하였고, 최근 왕이 외교부장은 물론이고 중국의 언론까지 사드 배치를 허용하지 말도록 한국을 압박하고 있다. 특히 중국은 한반도에 사드가 배치될 경우 어떻게 해서 중국의 안보가 위협받는지에 대하여 세부적으로 설명하지 않은 채 압박을 계속하고 있다.

중국이 납득할만한 설명을 하지 않기 때문에 사드 배치에 관하여 중국이 이와 같이 집요하게 반대하는 이유를 정확하게 알 수는 없다. 2015년 3월 방한한 러셀(Daniel R. Russel) 미 국무부 동아태 차관보가 "아직 배치되지 않고 여전히 이론적인 문제인 안보 시스템에 대해 3국이 강하게 목소리를 내는 게 의아하다"라고 언급하였듯이,[60] 대부분이 의아해하고 있는 것이 사실이다. 다만, 일부에서는 중국이 이 문제를 통하여 한미동맹 균열을 의도하거나[61] 한미동맹에서 한국이 보유하고 있는 자율성 정도를 시험해본다는 추측을 할 뿐이다.[62] 즉 "경제적으로 자국에게 의존하지 않을 수 없는 한국이 안보적 측면에서 자국의 영향권에 어느 정도 편입될 수 있는 지를 판단하려는 것"이라고[63] 추정할 뿐이다.

---

60) 『조선일보』(2015년 3월 19일), p.A5.

61) 우정엽, "사드(THAAD)가 중국에게 위협이 되는가?" JPI Peacenet(제주평화연구원), 2015년 2월 11일. http://jpi.or.kr/kor/regular/policy_view.sky?id=5377&code=papermorgue&scode=&ref=5377(검색일: 2016년 1월 20일).

62) 서정경, "시진핑 주석의 방한으로 본 한중관계의 현주소," 『중국학연구』, 제70집(2014), p.265.

63) 이기완, "사드와 AIIB를 둘러싼 미중관계와 한국," 『국제정치연구』, 제18집 1호(2015), p.337.

아마도 중국은 한국에게 동반자관계의 지위를 부여한 것으로도 상당한 혜택을 베풀었다고 인식할 지도 모른다. 전통적인 중화사상(中華思想)에 의한 인식이다. 사드 배치에 대하여 한국에게 요구하는 것은 그러한 혜택에 대한 댓가, 즉 교환일 수도 있다. 중국이 한국에게 동반자의 지위를 부여한 것이 혜택이거나 북한을 무조건적으로 지원하는 것이 아니라는 안보 상의 지원을 제공한 것이라면, 중국은 '자율성-안보 교환 모델'에 의하여 한국의 자율성 양보를 요구하고 있고, 그것이 바로 사드 배치의 반대일 수 있다. 그래서 중국은 반대의 이유를 상세하게 설명하는 대신에 한국의 거부를 일방적으로 요구하고 있는 지도 모른다.

4. 평가

한국의 경우 미국으로부터의 안보지원은 절대적인 사항이다. 미국의 확장억제가 없을 경우 북한의 핵무기 사용을 억제하는 자체가 불가능하기 때문이다. 그래서 북한이 3차 핵실험을 실시하자 박근혜 정부는 전시 작전통제권(wartime Operational Control Authority) 환수를 한국이 그를 위한 능력을 구비할 때까지 "사실상 무기연기"시켰다.[64] 북한이 제4차 핵실험을 실시하자 박근혜 대통령은 오바마 대통령과 맨 먼저 전화로 상의하였다. '맞춤형 억제전략'이나 '4D전략'에서 나타나듯이 한국은 미국의 지원을 바탕으로 북한의 핵무기 사용을 억제하기 위한 제반 조치를 강구하고 있다.

미국의 경우 오랫동안 다수의 국가들과 동맹관계를 지속해왔고,

64) 『조선일보』(2014년 10월 24일), p.A1.

따라서 그에 따른 의무는 물론이고 자신이 요구할 수 있는 권리도 충분히 인식하고 있다고 봐야 한다. 특히 다른 동맹국들에 대한 신뢰도에 영향을 주기 때문에 의무이행에 대해서는 철저한 모습을 보이고 있다. 그럼에도 불구하고 경우 과거 소련의 '위계적 관리구조'에 비하여 '무정부상태적 관리구조'라고 평가될 정도로 동맹국에 대해서는 너그러운 태도를 가진 점도 있어서[65] 미국은 한국의 곤혹스러운 입장을 어느 정도 이해하는 모습을 보였다고 할 것이다.

즉 2014년 6월 스캐퍼로티 주한미군 사령관이 사드 배치를 본국에 건의하였다는 사실이 발표된 이후 한국과 중국에서 상당한 논란이 벌어졌지만, 미국은 이에 대한 언급을 가급적 삼가는 모습을 보였다. 사드를 둘러싼 논란이 한국에서 한창이던 2015년 4월 국무장관을 비롯한 다수의 미국 관리들이 한국을 방문하였지만, 사드에 관해서는 전혀 언급을 하지 않았다. 그리고 한국이 사드 배치 문제를 협의하겠다고 하자 2016년 2월 7일 한미 양국군이 함께 이를 발표하였고, 그에 따라 현재 협의를 진행하고 있다. 따라서 한국이 자율성 양보를 다소 꺼린다고 하더라도 미국의 안보공약이 당장 약화될 것으로 우려하지는 않아도 될 것이다. 다만, 미 대통령 후보로 나선 트럼프가 한반도에서 전쟁이 벌어져도 미국이 개입하지 않겠다거나 한국이 방위비분담을 충분히 하지 않을 경우 미군을 철수시킬 수 있음을 시사한 바와 같이 한국이 자율성 양보를 계속 주저할 경우 어느 시점에서 예상치 못한 극단적인 조치가 나올 가능성도 없다고 보기는 어렵다.

---

65) 전재성, "동맹이론과 한국의 동맹정책," 『국방연구』. 제47권 2호(2004), pp.77~78.

중국의 경우에는 오랫동안 비동맹 정책을 지속해온 탓에 동맹과 같은 국제관계에 익숙하지 않아서 그에 따른 의무와 권리에 밝다고 보기는 어렵다. 그래서 한국에게 동반자관계를 제공한 것 자체가 북한보다는 한국을 우선시한다는 점에서 중국이 한국에게 큰 혜택을 베푸는 것이고, 따라서 한국은 사드 배치를 반대하는 중국의 요구를 따라야 한다고 생각할 수 있다. 그렇기 때문에 중국은 사드 배치와 관련하여 북한의 핵미사일 개발이라는 근본 원인을 제거해주는 측면을 고려하거나 설득력있는 이유를 제시하지 않은 채 한국에게 사드 배치를 허용하지 말 것을 일방적으로 요구하였던 것이다. 중국은 사드의 한반도 배치 논란을 통하여 한국이 미국과 중국 중에서 어느 쪽을 선택할 것인지를 시험하고 있을 수도 있다.

사드 문제와 관련하여 현재 한국은 미국과 중국 사이에서 곤혹스러운 입장이지만, 동맹과 동반자관계의 차이를 제대로 이해하지 못하고 있기 때문이다. 한국이 자율성을 양보할 경우 미국은 동맹관계에 의하여 충분한 안보지원을 제공할 것이 확실하지만, 중국과의 동반자관계는 약속하고 있는 것이 아무 것도 없을 뿐만 아니라 천안함과 연평도 사태를 통하여 그것이 입증되었기 때문이다. 북한의 비핵화나 통일에 대하여 중국이 중요한 국가임은 분명하지만, 한국이 요청한다고 지원해준다는 보장이 없다는 점에서 한미동맹과 동등하게 취급할 수가 없다. 중국과의 '전략적 협력 동반자관계'에 대한 환상을 가진 채 선택을 망설일 경우 동맹도 상실하고 동반자 국가로부터 안보지원도 받지 못하는 최악의 상황이 발생할 수도 있다.

실제로 한국이 미군의 사드 배치를 허용하더라도 중국이 한중관계를 극단적으로 훼손하는 조치를 강구할 것으로 예상하기는 어렵다. 중국의 내부에서도 사드가 그 정도로 전략적인 무기가 아니라는 점을 이해하고 있을 것이고, 중국이 반대하는 명분의 설득력이 큰 것도 아니기 때문이다. 일시적로는 반발하더라도 "중국이 한국을 적대시할 것으로 보이지는 않는다"[66]는 추정이 합리적일 수 있다. 반면에 한국이 중국의 반발을 무릅쓰고 사드 배치를 강행할 경우, 중국의 영향력을 무시할 수 없는 한국의 지정학적인 상황을 미국도 충분히 이해하고 있기 때문에 한국을 더욱 신뢰하게 될 것이다.

Ⅴ. 결론

한국은 지금까지 한미동맹에 의존하여 안보를 위한 비용을 절약함으로써 경제발전에 매진할 수 있었고, '한강의 기적'을 만들었다. 그리고 한미연합사를 통하여 지금까지 북한의 전쟁도발을 효과적으로 억제해왔고, 유사시 국민들을 보호하기 위한 조치를 강구해왔다. 다만, 그 동안 국력신장을 바탕으로 한국에서는 한미동맹은 약화시키면서 한중관계를 강화하고자 하는 방향이 존재하여왔고, 그것이 한국의 외교 및 안보정책에 상당한 영향을 주어왔다.

북한의 핵위협으로부터 국민들의 생명과 재산을 보호하는 것이 다른 어떤 가치보다 중요하다고 한다면 이제 한국은 한미동맹을 더욱 강화해야 한다. 북한의 핵위협으로부터 안전을 보장하는 방법 중

66) 이기완(2015), p.340.

에서 한미동맹에 의존하는 것보다 더욱 실용적이거나 확실성이 높은 것은 없기 때문이다. 그리고 한미동맹을 강화하기 위해서는 '자율성-안보 교환' 이론에 근거하여 자율성을 적극적으로 양보하는 대신에 미국의 확실한 안보지원을 확보하고자 노력해 나갈 필요가 있다. 야당이나 일부 국민들의 경우 아직도 자율성 양보에 대한 거부감이 매우 큰데, 이것이 지속될 경우 한미동맹의 견고성을 훼손할 수 있고, 최악으로는 북한의 핵무기 위협을 한국 단독으로 처리해야 하는 상황에 직면할 수 있다.

특히 한국은 북한의 핵위협 대응에 적용될 수 있는 모든 방법들을 동원해야할 뿐만 아니라 그를 구비하기 위한 시간과 재원이 제한된다는 차원에서 미국과의 분업체제를 효과적으로 활용하지 않을 수 없다. 미국이 제공해줄 수 있는 것은 미국에게 의존하되 그것이 확실하게 제공되는 장치를 만들고, 대신에 한국은 한국이 해야 할 일에 집중해야 한다는 것이다. 선제타격과 BMD의 경우처럼 한국이 주도하되 그 내용은 미국과 분담하여 일정부분은 미국의 역량을 활용할 수도 있다.

동시에 한국은 사드 배치를 둘러싼 논란에서 교훈을 도출하여 중국과의 '전략적 협력 동반자관계'를 냉정하게 있는 그대로 이해해야 한다. 한국에서는 이것이 상당한 의미를 지니고 있고, 안보분야의 협력까지도 가능한 것으로 생각하였지만, 실제는 그렇지 않은 것으로 드러나고 있기 때문이다. 중국은 50개 정도의 국가와 이 관계를 맺고 있고, 이 관계의 의미에 대하여 정확한 정의를 공개하고 있지도 않다. 2008년 한국과 중국이 이 관계를 체결하였지만, 2010년에 발생한 천안함 폭침과 연평도 포격에서 중국은 이전과 다른 모습을 전혀 보이지 않았다. 이번 사드 배치에서도 동일한 형태가 반복되고 있다. 북한의 핵대응에 대해서도 그러할 것이다. 그렇다면 지금까지 한국이 중국에 대하여 가져온 기대는 희망적 사고(wishful thinking)의 성격이 크다고 봐야 한다. 미국과의 동맹과 중국과의 협력관계를 동시에 강화해 나간다는 한국의 의도가 잘못된 것은 아닐지라도 지나치게 좌고우면(左顧右眄)함으로써 문제를 키운 측면이 없지 않다.

참고문헌

국가안보실. 『희망의 새시대 국가안보전략』. 청와대: 국가안보실, 2014.

국방부 군사편찬연구소. 『한미군사관계사 1871-2002』. 서울: 국방부 군사편찬연구소, 2003.

국방부 군사편찬연구소. 『한미동맹 60년사』. 서울: 국방부 군사편찬연구소, 2013.

국방부. 『2014 국방백서』. 서울: 국방부, 2014.

권태영 외. 『북한 핵·미사일 위협과 대응』. 서울: 북코리아, 2014.

김강녕. "북한의 대남도발과 한국의 대응전략." 『군사발전연구』. 제6권 3호(2015).

김진명. 『싸드(THAAD)』. 서울: 새움, 2014.

김태우. "북한 핵실험과 확대억제 강화의 필요성". 백승주 외. 『한국의 안보와 국방』(서울: 한국국방연구원. 2010).

박휘락. "방위비분담 현황과 과제 분석: 이론과 사례 비교를 중심으로." 『국방정책연구』 제30권 제1호(한국국방연구원. 2014).

서정경. "시진핑 주석의 방한으로 본 한중관계의 현주소." 『중국학연구』. 제70집(2014).

우정엽. "사드(THAAD)가 중국에게 위협이 되는가?" JPI Peacenet(제주평화연구원). 2015년 2월 11일. http://jpi.or.kr/kor/regular/policy_view.sky?id=5377&code=papermorgue&scode=&ref=5377(검색일: 2016년 1월 20일).

유동원. "중러 전략동반자관계와 경제협력." 『국제정치연구』 제9집 2호(동아시아국제정치학회. 2006).

이기완. "사드와 AIIB를 둘러싼 미중관계와 한국." 『국제정치연구』. 제18집 1호(2015).

이수형. "북대서양조약기구(NATO)의 지구적 동반자관계: 유럽 역내외 관련 국가들의 입장과 한미동맹에 대한 함의." 『국방연구』 제53권 1호(국방대학교안보문제연구소. 2010).

이윤식. "북한의 대남 주도권 확보와 대남전략 형태." 『통일정책연구』. 제22권 1호(2013).

이희옥. "중국과 동아시아 : 연평도 포격사건을 보는 중국의 눈." 『동아시아 브리프』. Vol. 6 No. 1(2011).

장철운. "남북한의 지대지 미사일 전력 비교: 효용성 및 대응. 방어 능력을 중심으로". 『북한연구학회보』. 19권 1호(2015).

전재성. "동맹이론과 한국의 동맹정책." 『국방연구』. 제47권 2호(2004).

정재호. "대한민국과 중화인민공화국 간의 외교: 2012년. 1992년 그리고 1972년으로의 회고와 평가." 『중국근현대사연구』. 제56집(2012).

허광무. 「한국인 원폭피해자(原爆被害者)에 대한 제연구와 문제점」. 『한일민족문제연구』. 제6호(2004).

현대경제연구원. "한중 경제 관계의 중요성과 나아가야할 방향." 『현안과 과제』. 16-8호. 헌대경제연구원, 2016년 3월 9일.

홍우택. 『북한의 핵 · 미사일 대응책 연구』. 통일연구원 연구총서, 2013.

북한 핵위협의 실체와 한국의 전략

조 영 기*

Ⅰ. 북한 '핵'의 실체

1. 북한의 핵보유 의도

일반적으로 국가들이 핵 무장 또는 핵 자제(nuclear restraint)를 하는 논리는 안보모델(security model), 국내정치모델(domestic politics model), 국제규범·지위모델(norm model) 등이 있다.[1] 안보모델은 외부로부터 핵(안보)위협에 대응해 핵 억지력이 필요하기 때문에 핵무기를 개발한다는 논리다. 이 논리에 따라 구소련과 중국이 미국의 핵위협에 대응하기 위해 핵을 개발하였다는 논리이다. 국내정치모델은 국내정치에서 자신들의 존재감과 정치적 이익을 정당화하기 위해 핵무장을 결단한다는 이론으로 인도와 파키스탄이 이 경우에 해당한다. 그리고 국제규범·지위모델은 핵무기 보유 자체가 국제사회에서 특별한 지위(status)를 부여받는다는 믿음 때문에 핵

---

* 고려대학교 북한학과 교수

1) Scott D. Sagan(1996/1997), "Why Do States Build Nuclear Weapon?," International Security, Vol.21, No.3.

무장을 한다는 이론으로 프랑스가 이에 해당된다.[2] 한편 핵자제 이론은 핵무기를 보유하는 것보다 핵보유를 자제하는 것이 국익에 도움이 되기 때문에 핵보유를 자제한다는 이론으로 우크라이나, 카자흐스탄, 남아프리카공화국 등이 이에 해당된다.

북한은 다의적 목적을 가지고 핵을 개발하고 있다. 우선 북한이 표면적으로 내세우는 동기는 미국의 핵위협이 가중되고 있기 때문에[3] 자위적 차원에서 핵개발을 할 수밖에 없다는 안보위협논리이다. '6.25전쟁' 이전부터 미국의 안보위협 논리는 북한주민들에게 반미(反美)를 각인시키는 유용한 도구였다. 따라서 북한에게 반미는 행위자체가 올바른 것이든 잘못된 것이던 무관하게 당위적 명제이다. 물론 반미 이외에도 북한이 우려하는 안보위협 요인은 구소련 및 동구권의 붕괴로 인한 전통적 우방축의 와해, 한중수교, 남북한의 국력격차로 인한 재래식 경쟁의 실패가능성 등과 같은 상황에서 위기의식을 느끼고 비대칭전력에 집착한 것이다. 그러나 북한이 핵을 개발하는 근원은 '핵을 앞세워 한국을 흡수통일하려는 통일대전략'을 완성하려는 것이다. 즉 북한이 핵개발의 주 타격목표는 미국이 아니라 한국이라는 사실을 호도하기 위한 선전선동이라는 사실을 직시해야 한다. 둘째, 북핵은 북한의 유일지배체제의 정통성을 수호하고 김씨 3

2) 국제규범 · 지위모델이 설득력을 얻을 수 있는 배경은 NPT체제에서 핵 국가(nuclear state) 5개국이 UN안보리의 상임이사국과 일치한다는 점이다.

3) 독재국가(전체주의)의 독재자들은 독재권력을 유지하기 위해 가상의 적(敵)을 만들어 통치수단으로 활용했다. 히틀러에게 가상의 적은 유대인이었고, 레닌과 스탈린에게 가상의 적은 미국과 영국을 제국주의자이었고, 북한은 미국이 가상의 적이었다.

대의 체제수호의 정당성을 확보하는 유용한 도구라는 점이다. 사실 북한의 핵개발은 김일성의 군산병진정책과 김정일의 선군정치와 맥을 같이 한다는 점에서 정통성을 계승한다는 명분축적의 필요성 때문이다. 셋째, 국제규범·지위모델을 북한에 적용할 경우 북한은 '사실상 핵능력국(de-facto nuclear-capable state)' 지위를 획득하여 핵클럽 국가로의 국제적 위상을 제고하기 위해 지속적으로 핵개발을 하고 있다고 평가된다.[4] 사실 북한이 NPT 탈퇴를 쉽게 결정하고 유엔안보리 결의안에 대해 크게 동요하지 않으면서 내정간섭이라고 주장하는 것은 NPT라는 비확산 국제규범에 내재되어 있는 불평등성에 대한 반발을 토대로 핵클럽 국가로의 국제적 위상을 제고하려는 것도 중요한 동기일 수 있는 것이다.[5] 이처럼 북한의 핵개발은 중첩된 복합동기(mixed motivation)에 의한 것이다.

한편 북한은 복합적 목적 이외에도 핵개발을 협상전략과 연계하고 있다. 1993년 북핵문제가 불거진 이후 북핵문제는 국제사회의 중요한 이슈였다. 북한은 핵카드를 활용해 자신의 존재감을 부각시키고 주변관련국들을 긴장시켜 왔다. 그리고 북한은 다양한 협상전략을 구사하면서 경제적 실리, 시간벌기 등의 성과를 거두었다. 사실 북한의 핵카드는 핵확산을 차단하여야 한다는 국제규범과 역행하는 행동이기 때문에 '이슈를 선점할 수 있는 힘'(issue-specific power)을 가지고 있다.[6] 이런 '이슈 선점의 힘'은 북한이 상대적으로 약소

---

4) 조은정(2014), pp.30~31.

5) 서동구(2014), "북핵의 국제정치와 한국의 딜레마", 『통일정책연구』 제23권2호, 통일연구원, pp.88~89.

국임에도 불구하고 협상과정에서 성과를 얻을 수 있는 요인으로 작동하고 있다. 즉 '이슈 선점의 힘'이 양자협상의 경우 상대적 국력보다 더 중요한 요소로 작동하고, 다자협상의 경우에도 나머지 5자 간의 전략적 이해의 차이로 '이슈 선점 국'이 더 큰 성과를 얻게 된다. 따라서 북한이 핵보유라는 이슈를 선점함으로써 다양한 형태의 남북협상뿐만 아니라 심지어는 대남테러 및 국지 도발과 같은 불리한 환경에서도 항상 유리한 결과를 얻는 구조였다. 그 배경에는 위기사태 발생 시 핵무기의 실제 사용 및 사용위협이 없어도 핵무기보유국이라는 점이 유리하게 작동하기 때문이다.[7)]

2. 북한 핵과 대남정책

북한의 핵개발 역사는 기만과 비밀과 집요함의 역사였다.[8)] 북핵문제가 불거지기 시작한 1992년 김일성은 한 한 서방언론과의 인터뷰에서 '핵무기를 개발할 의사도 능력도 없다'다면서 핵개발을 은폐했다.[9)] 이 인터뷰를 근거로 북한은 '비핵화는 김일성의 유훈'이라며 선전의 도구로 활용하고 있다. 이런 선전은 한국사회에서도 동일한 내용이 반복되어 증폭되었다.[10)] 사실 북한의 핵개발 역사는 1970년

---

6) '이슈를 선점할 수 있는 힘'은 대안(alternatives), 의지(commitment) 및 통제력(control)이라는 3대 구성요소에 의해 결정된다.

7) 서동구(2014), p.89.

8) 심양섭(2005), 「한국의 반미, 대안은 있는가」, 삼성경제연구소, p.70.

9) Washington Times, 1992.4.15.

10) 김일성의 인터뷰가 있은 뒤 한국 사회도 북한의 발언을 두둔하는 인사들이 많이 나타났다. 이와 관련된 자세한 내용은 월간조선(2016.9.26)의 기획기사 "북핵 키운 23년의 그 목소리들"을 참조

대 초반부터 시작되었다. 그러나 외부세계에는 기만으로 일관하면서 은밀하고 집요하게 추진되었다.[11] 1992년 '한반도비핵화선언'과 1994년 제네바합의 이후에도 국제사회의 감시의 눈을 피해 핵능력을 꾸준히 보강해 왔고 벌써 5차례의 핵실험을 했고 6차, 7차 핵실험도 예고하고 있다. 김정은 집권 이후 헌법에 핵보유를 기정사실로 확인하고(2012.4.13), 2013년 3차 핵실험 이후 국제사회를 향해 핵보유국 지위 영구화를 선언하고(2013.3.9), 국내정책기조인 핵 무력건설과 경제건설 병진노선을 채택했다.(2013.3.31) 나아가 2014년 신년사를 통해 대남핵공격을 기정사실화하면서 핵의 타켓을 명확히 했다.[12](2014.1.1) 그리고 2016년에는 2차례의 핵실험을 통해 사실상의 핵보유국의 지위를 확보했다. 이런 일련의 과정을 보면 김일성이 핵개발의 기초를 다졌다면 김정일은 핵실험을 통해 핵무장의 길을 확보했고, 김정은은 사실상의 핵보유를 기정사실로 확인시켜 주었다.

북한 핵개발은 대남정책과 불가분의 관계가 있다. 북한의 핵실험이 거듭될수록 '핵'을 앞세운 암묵적 위협수위를 높여왔다. 즉 1차 핵실험보다는 2차 핵실험 이후 핵위협의 강도는 강경해졌고, 2차 핵

---

11) 남궁영(2003), '북한 핵개발과 미국: 북한의 생존전략과 미국의 세계전략을 중심으로', 「21세기 정치학회보」 제13집2호, p.109.

12) 김정은은 2014년 신년사에서 "조선반도에 우리를 겨냥한 핵전쟁의 검은 구름이 항시적으로 떠돌고 있는 조건 -- 이제 이 땅에서 전쟁이 일어나면 그것은 엄청난 핵 재난을 가져올 것이며, 미국도 결코 무사하지 못할 것 -- "이고, 또한 2015년 신년사에서도 "미국과 그 추종세력들은 우리의 자위적인 핵 억제력을 파괴하고 -- 핵 억제력을 중추로 하는 자위적 국방력을 억척같이 다지고 --"이라고 말했다.

실험보다는 3차 핵실험 이후 북한핵 위협의 강도는 점점 더 강경해졌다. 북한이 핵정책에서 강경모드로 전환한 시기는 김정은 후계체계의 구축작업과 맞물린 2009년 5월 2차 핵실험 이후이다. 2차 핵실험 이후 북한 핵정책은 강경정책 일변으로 전환되었다. 이때 북한은 외교적 고려 없이 '9·19공동성명 파기', '6자회담 폐기 및 불참', '핵포기 절대불가', '새로 추출된 플로토늄의 전량 무기화', '우라늄 농축작업 개시', '대륙봉쇄는 전쟁행위로 간주' 등과 같은 강경한 속내를 거칠게 쏟아냈다. 그러나 이런 실질의도를 숨기기 위해 '조선반도 비핵화는 김일성의 유훈', '혁신된 6자회담 참가'(=선평화협정 후 비핵화) 등의 외교적 수사를 통해 선전논리를 강화하는 것도 잊지 않았다.[13)]

북한은 시간이 지나면서 핵무기 보유 및 불포기의 불가피성을 한층 공격적으로 주장하고 나섰다. 그 이유는 표면적으로는 국제사회로부터 핵보유국의 지위를 기정사실화하려는 의도이며, 남북관계에서 핵보유국의 지위를 이용해 대남압박 수단으로 활용하려는 저의도 숨겨져 있다. 즉 북한은 핵보유를 통해 전략적 상황주도권을 장악하고 이를 토대로 전술적 능동성을 확보하려고 한다. 북한의 대남도발 행태는 늘 먼저 도발하고 한국의 대응정도를 테스트하는 전술을 반복하는 양상이었다. 이런 북한의 도발행태는 북한의 핵보유 유무에 따라 한국의 대응정도에는 차이가 있을 수밖에 없다는 점을 악

13) 박형중(2014), 「김정은 집권 이후 핵정책 및 대남정책」, Online Series CO 14-10, 통일연구원, pp.1~2.

용하고 있다. 2010년 3월의 천안함 폭침, 11월의 연평도 포격, 우라늄 농축시설의 공개, 2013년 2월의 3차 핵실험 등이 이런 논리를 뒷받침한다. 특히 김정은 후계구축과정이 본격화된 2009년 이후 북한의 대남정책은 더욱 공격적 성향으로 변화하였는데, 그 이면에는 2차 3차 핵실험을 통해 축적된 핵무기 능력 때문인 것으로 판단된다.[14)]

3. 북한 핵 위협의 실체

북한이 핵을 개발하는 이유는 분명하다. 북한은 핵무기가 '한국을 흡수통일'하는 중요한 수단으로 활용할 수 있다고 판단하기 때문이다. 북한의 주장처럼 미국의 핵위협에 대한 자위권 확보의 차원이 아니라 한반도를 주체사상이 지배하는 사회주의국가를 완성하는 무기로 활용한다는 점이다.[15)] 김정은은 2011년 말 집권 직후 "나의 통일관은 무력 통일이다. 직접 탱크를 몰고 서울로 진격"하겠다는 '조국통일대전'을 천명하고 핵개발에 주력했다.[16)] 김정은은 집권 이후 3차례의 핵실험을 강행했고 앞으로도 추가 핵실험을 예고해 둔 상태이다. 이는 핵무기만이 '조국통일대전'에서 승리를 담보할 수 있는 유일한 무기로 인식하고 있다는 의미다. 이런 북한의 무력통일관은

14) 통일연구원(2014), 「김정은 시대 북한의 핵보유 및 대남정책」, 통일연구원, p.4.
15) 북한 노동신문(2006.10.26)은 '자주성을 위한 인민대중의 혁명투쟁은 사회 정치적 자주성이 실현된 다음에도 계속된다. 당과 국가를 보위하고 혁명의 전취물을 고수하며 인민대중의 자주성을 완전히 실현하자면 순간도 총대를 약화시켜서는 안 된다'고 주장하고 있다. 여기서 총대는 핵무기를 의미하며 총대는 주체사상·선군사상을 보위하는 절대적 수단이라는 점을 강조한 것이다.
16) TV조선(2014. 3. 26), "김정은, 2015년 통일대전 만반 준비지시"

북한의 핵무기와 관련한 담론의 발전과정이 북한의 핵 보유 의도를 명확히 알 수 있다. 1998년 천명한 강성대국건설의 군사강국은 핵무장국가를 의미하며, 김정은의 '핵·경제병진발전'은 핵무장을 통해 무력통일을 달성하는 것이다. 특히 김정은의 '조국통일대전'도 핵을 앞세워 주체·선군의 사회주의국가를 건설하는 점이다. 일부 친북매체들은 "김정은 시대에 북한이 달성하려는 당면한 국가목표는 '조선반도의 비핵화'라는 기존방침을 어떻게 실현하는가 하는 문제가 아니라 '조국통일대전'이라는 새로운 방침을 어떻게 실현하는가 하는 문제로 전환되었다고 말할 수 있다"고 주장하면서[17] 핵의 위력을 앞세우고 있다.

많은 국제문제 전문가 -특히 군사전문가- 들은 핵무기가 군사력의 궁극적인 수단이기는 하지만 실제로는 사용할 수 없는 무기여서 국제정치의 결정적 수단이 되지는 못한다고 주장한다. 왜냐하면 핵무기는 '이중의 죽음'(double death)을 초래하는 공포의 무기이기 때문에 '사용하지 않고 보유하는 것'으로부터 발생되는 이득에 만족한다는 것이다. 문제는 북한의 행동이 늘 비정상적이었다는 점이다. 이런 비정상적 행태를 감안할 때 '북한이 핵무기를 사용할 가능성'을 전혀 배제할 수 없다. 따라서 북핵문제의 핵심은 평화적인가 아닌가의 문제가 아니다. 북한이 사실상의 핵보유국으로서 핵무기를 사용할 것인가의 여부에 초점을 두고 대응전략을 마련해야 한다. 즉 정상적 국가의 행태를 전제로 비정상적 북한의 행태를 진단하는 것은 큰 재

17) 한호석, "북측국방위원회 1.24 성명에 담긴 뜻", <통일뉴스>, 2013.1.28.

앙을 초래할 수 있다는 점이다.

일반적으로 핵무기는 엄청난 폭발력뿐만 아니라 완전하게 방어할 수 없다는 사실 때문에 절대무기라 한다. 북한이 어떤 이유에서건 핵무기를 사용한다면 남북한 모두에게 재앙이 될 것이다. 북한의 '핵참화'(慘禍)나 '서울불바다'와 같은 위협발언은 전쟁에서 핵무기를 사용할 수도 있다는 것을 전제로 하고 있다. 이는 한국이 북한의 요구에 응하지 않으면 실제 사용할 수도 있다는 점이다. 설사 북한이 핵무기를 사용하지 않는다고 하더라도 핵보유 사실 자체만으로도 한국은 심리적으로 위협을 받을 수밖에 없다는 점이다. 북한은 핵무기를 배경으로 수시로 한국을 협박하려 할 것이고, 미국과의 '핵군축 협상'을 빌미로 주한미군 철수를 주장할 것이다. 즉 북한이 핵을 보유함으로써 안전보장과 체제방어라는 군사적 목적을 이룩하려는 것과 함께 미국을 상대로 평화협정체결을 요구하면서 주한미군철수 문제를 제기하려는 속셈도 있다. 이런 점에서 북핵이 한국사회 전반에 미치는 악영향을 결코 가볍게 볼 수가 없다.

Ⅱ. NPT 체제의 특성과 한계

1. NPT체제의 성립과정

핵무기는 인류를 공멸시킬 수 있는 가공할 무기이다. 그런데도 모든 국가가 핵무기를 보유하려고 하는 이유는 핵무기가 국제질서 형성에 참여할 수 있는 결정적 위상을 부여하기 때문이다. 제2차 세계대전 동안 각국은 핵무기 개발에 몰두했다. 미국은 1945년 세계최초로 핵무기개발에 성공함으로써 유일하게 핵무기를 보유한 독점(monopoly)적 핵보유국의 지위를 가졌다. 그러나 미국의 핵무기 독점은 1949년 8월 구소련이 핵무기개발에 성공함으로서 미국의 독점체제는 붕괴되고 미국과 소련이 핵무기를 함께 가지는 복점(duopoly)체제로 전환되었다. 이어서 영국이 1952년 10월 핵실험에 성공함으로써 미소 양국의 핵무기 복점체제는 3개국이 보유하는 과점체제(oligopoly state)로 전환되었다. 그리고 1960년 프랑스가 핵무기를 개발하고 중국이 1964년 핵실험에 성공함으로써 핵무기 보유 국가는 5개국으로 증가하였다. 각국의 핵무기 개발 동기는 다르다. 구소련은 핵무기 보유를 통해 미국에 대한 상대적 위상을 제고함으로써 새로운 세계질서 재편을 추구하고자 한 것이었다. 영국의 핵무장은 미・영 상호방위조약으로 핵무기와 관련한 협력체제를 구성하고자 한 의도 때문이었다. 그리고 프랑스는 소련의 핵공격에 대비한 독자적인 핵무기능력을 보유하기 위한 것이었고[18], 중국은 핵무기를 보유하지 않고는 미국의 핵무기위협에 대처하여 국제정치의 한 주요국가로 존속하기 어렵다는 판단에 기인하고 있다.[19]

중국이 5번째의 핵무기 보유국의 지위를 획득함으로써 수평적 핵

18) 미국은 프랑스 핵무장을 반대했다. 그러나 당시 프랑스 대통령 드골Charles De Gaulle)은 미국을 향해 "파리를 보호하기 위해 뉴욕을 포기할 수 있느냐"는 엄중한 질문을 던지고 독자적 핵무기개발에 들어갔다.(주간조선 2425호, 2016.9.26.)

19) 정철호(2011), 「NPT 유용성: 한계의 극복방향」, 세종연구소, pp.40~41.

확산 억제의 문제는 사실상 불가능해졌다. 또한 미국과 소련은 1960년 프랑스, 미국은 1964년 중국이 핵실험에 성공하자 2차 세계대전 패전국 -일본과 독일- 의 핵무장을 우려해 소련에 수평적 핵확산억제에 대한 논의를 제안하면서 시작되었다. 즉 수평적 핵확산 억제의 실패가 핵확산의 도미노 현상으로 촉발될 위험성 때문에 미국은 적대적 관계에 있던 소련과 핵확산 억제에 대한 협상을 시작하였다. 1966년부터 미소 양국은 본격적으로 핵무기 비확산에 대한 본격적 협상을 시작해 1967년 초 제네바 '군축위원회(CD: The Conference on Disarmament)'에서 핵확산금지조약의 기반을 마련하였다. 미국과 소련이 핵확산금지조약(안)에 합의한 까닭은 미소 양국이 핵무기 보유의 독과점적 지위를 확보하는데 있었다. 미소 양국이 마련한 핵확산금지조약(안)은 1968년 미국, 소련, 영국이 조인하고 1969년 미국이 인준한 후 1970년 발효되어 오늘에 이르고 있다.

이들 핵보유국들이 복잡한 협력과 관련한 일련의 과정이 신속하게 이루어진 배경에는 핵무기 확산에 따른 위협을 심각하게 인식했기 때문이다. 그러나 핵보유국들은 담합(collusion)을 통해 핵무기 보유국가가 추가로 발생될 수 있는 여지를 없애 수평적 핵확산을 막아야 한다는 현실적 인식 이외에도 핵무기보유라는 국제사회에서 위상확보라는 세계 전략적 측면도 고려했다. 이런 현실적 인식과 전략적 측면에서 이루어진 핵무기 보유국 간 담합의 결과물이 핵확산금지조약(NPT: Nuclear nonproliferation treaty)의 9조3항에 잘 나타나 있다. 동 조항은 1967년 1월 1일 이전에 핵무기 개발을 완료한 미국, 소련, 영국, 프랑스, 중국을 '핵무기 보유국'으로 지명하고 다른 국가들은 '핵무기 비보유국'으로 지명해 핵무기 보유자체를 금지시켰다. 국제조약인 NPT는 1967년 1월 1일을 기준으로 비핵국가에 대해서는 핵개발 금지를, 핵보유국에 대해서는 핵군축을 요구함으로써 국제사회의 핵무기 확산을 적극 억제하는 국제규범의 역할을 수행하고 있다. 한국은 NPT 체제에 1975년 4월 23일 86번째로 정식 비준국가 되었으며, 중국은 1992년 3월, 프랑스는 동년 8월 NPT에 가입하였다. 북한은 1985년 12월 12일 NPT에 가입하였으나 1993년 3월 12일에 탈퇴하였다.

NPT는 핵무기로 인한 인류의 재앙을 사전에 예방하기 위해 국제사회가 조약을 체결한 국제규범(international rule)이다. NPT는 핵무기 확산을 방지하기 위한 다양한 핵비확산체제 가운데 하나의 틀(framework)[20]이다. NPT가 국제조약으로서 타당성을 갖는 것은 두 가지의 목적이 있기 때문이다. 하나는 핵무기보유국가의 수가 늘어나는 것을 방지하기 위한 것뿐만 아니라 핵보유국이 핵무기 보유수량을 늘리고 질적 향상을 방지하기 위한 목적이다. 전자는 수평적 확산(horizontal proliferation)방지라고 하며, 후자는 수직적 확산

20) 국제사회가 핵확산을 방지하기 위한 제도적 장치는 핵확산금지조약(NPT)가 대표적이다. 이외에도 부분핵실험금지조약(PTBT: Partial Nuclear Test Ban Treaty), 포괄적핵실험금지조약(CTBT: Comprehinsive Nuclear Test Ban Treaty), 유엔 안전보장이사회, 6자회담, 대량살상무기확산방지구상(PSI: Proliferation Security Initiative), 핵안보정상회의(NSS: Nuclear Security Summit) 등 수많은 제도들과 협력기구들이 있다. 또한 이동수단인 미사일의 확산을 막기 위해 미사일기술통제체제(MTCR: Missile Technology Control Regime), 공격용전략핵무기감축조약(SORT: Strategic Offensive Reductions Treaty) 등이 있다.

(vertical proliferation)방지라고 한다. 1970년 3월 국제규범으로 출범한 NPT체제는 핵무기의 수평적 확산과 수직적 확산을 방지하기 위한 제도적 장치로 국제사회는 NPT체제의 유효성을 인정하여 NPT체제가 출범한 이후 현재 189개국이 당사국으로 가입되어 활동하고 있다.

2. NPT체제의 특성: 불평등성과 독과점성

핵무기는 제2차 세계대전 이후 강대국들이 세계질서 재편에 주도적 역할을 하는데 유용한 수단이었다. 유엔안보리 상임이사국 5개국이 모두 핵보유이라는 사실이 핵무기의 위상을 실감케 한다. 이는 '핵무기를 보유하였다'는 사실 자체만으로도 국제사회에서 상당한 영향력을 행사 할 수 있는 권한을 가졌다는 증거이다. 국제규범인 NPT 체제는 성립과정에서 국제사회의 모든 국가에게 일반적으로 적용되는 규범이 아니라 핵보유국에 유리한 불평등한 체제였고, 5개 국가만 핵을 보유할 수 있다는 점에서 독과점적이다. 이런 불평등성과 독과점성은 핵위협으로부터 대부분의 국가의 안보를 지원하고 핵전쟁 예방을 통해 인류평화를 위한 공공재(public goods)로서 역할을 하는 국제레짐이라는 측면에서 핵비보유 국가들도 NPT체제를 불가피성을 수용할 수밖에 없다는 점이다. 여기서 국제사회가 핵보유국에 특권을 부여한 불가치성은 핵보유국이 권한의 행사만이 아니라 성실한 책임을 이행하여야 한다는 메시지도 포함하고 있다는 점이다. 그러나 핵보유국들은 NPT 체제에서 특권만 행사하고 특권에 따른 의무를 성실히 수행하지 않는다는 점 때문에 많은 논란이 제기되고 있는 것도 부인할 수 없는 현실이다.

NPT체제의 불평등성은 '핵 국가'와 '비핵국가' 간에 차별성(discrepancy)에서 연유한다. 비핵국가들은 핵무기 개발이나 획득이 절대 금지되고 안전조치 제도에 의한 사찰을 받아야 하는 등 '제재의 엄격한 잣대'가 적용되지만, 핵 국가들은 단지 점진적인 핵무기 감축에 노력하는 것만을 요구하는 '느슨한 잣대'가 적용되고 있는 것이 차별성의 본질이다. 즉 NPT체제에서 '핵무기보유국'의 의무는 선언적으로 명시된 반면, '핵무기 비보유국'에게 부여된 비핵화를 위한 의무는 법적 구속력이 매우 강력하게 명시되어 있다. 이처럼 NPT 체제는 국제사회에서 일반적으로 적용되는 보편적 원칙(rule of universal)이 아니라 오히려 핵 보유국에 특혜를 주는 차별성을 기반으로 출범하였다는 점이다. NPT체제는 '핵무기 보유국가'에게만 유엔안전보장이사회의 상임이사국이라는 특권적 지위를 부여함으로써 국제사회에서 배타적 특권을 행사한다. 이런 NPT체제의 불평등성은 핵무기 보유국에게 독점적 권한을 행사할 수 있는 배타적 레짐(exclusive regime)을 구축하게 했다.[21)]

NPT체제는 '핵무기 보유국가'를 5개 국으로 제한함으로써 독과점적 특성을 보일 수밖에 없다. 그 특성은 핵보유국 간의 상호의존성(interdependence)과 핵보유 자체를 금지하는 높은 진입장벽(entry barrier)이다. 물론 상호의존성과 높은 진입장벽은 핵보유국에게 배

21) 정철호(2011), 「NPT 유용성: 한계의 극복방향」, 세종연구소, p.6.

타적 레짐을 강화하는 요소이다. 여기서 '상호의존성'이란 NPT체제에 참여한 국가들은 다른 국가의 행동으로부터 제약을 받거나 영향을 받는다는 점이며, '높은 진입장벽'이란 핵보유국의 지위를 획득하는 것을 원천적으로 차단(금지)한다는 의미이다. NPT체제에서 상호의존성과 높은 진입장벽은 핵보유국의 지위를 획득한 국가들이 명시적 담합(explicit collusion)을 통한 특권행사를 정당화하는 장치이며, NPT를 통해 핵보유국의 지위를 획득하려는 국가들에게 각종 명분의 제재를 정당화하고 핵보유의 기회를 차단하는 국제사회의 제도적 장치로 기능하고 있다. 왜냐하면 핵무기를 보유한 국가가 많아질수록 핵무기를 악용하려는 이단(異端)국가가 나타날 가능성이 높아져 핵 재앙을 막을 방도가 희박해질 수밖에 없는 불가피한 산물이다.

NPT체제의 독과점적 특성 때문에 '핵무기 보유국'은 독점적 특권을 행사한다. 따라서 '핵무기 비보유국'은 항상 핵보유로 인해 주어지는 독점적 특권의 기회를 갖기 위해 모든 수단을 강구한다. 즉 '핵무기 비보유국'은 '핵무기 보유국'의 지위를 획득하는 과정에서 이해관계의 충돌이 발생하게 된다. '핵무기 보유국가'와 '핵무기 비보유국가' 간을 구분하는 경계선은 NPT체제이며, 이 경계선은 국제질서 형성에 참여할 수 있는 특권이 부여되는가 아닌가를 결정하는 기준선 역할을 하고 있다. 이런 경계선 상에 있는 국가(잠재적 '핵무기 비보유국가')는 항상 핵무기보유의 유혹에 빠지게 될 수밖에 없다. 한편 NPT체제가 핵보유 국가를 제한한 것은 5개의 핵보유 국가가

‘핵의 재앙’을 막기 위한 책임을 부여한 것이다. 따라서 NPT체제에서 국제질서 참여권한을 부여받은 ‘우리 안의 담합자’인 ‘핵무기 보유국가’는 책임있는 행동을 함으로서 ‘우리 밖의 진입희망자’인 ‘핵무기 비보유국가’들이 진입할 수 있는 어떤 명분도 제공하지 말아야 한다. 다시 말해 ‘핵 보유국’들이 많은 특권을 부여받은 만큼 의무도 성실히 수행하여야 한다는 점이다. 그러나 ‘핵무기 보유국’이 특권만 누리고 책임과 의무를 방기하고 있다는 점에서 비판받고 있다.

3. NPT체제의 한계

가. 구조적 공백

NPT체제가 작동하고 있지만 핵확산이 발생하고 있다. 이는 NPT체제에 구조적 공백(structural hole)이 있기 때문이다. 그 구조적 공백은 NPT체제의 불평등성과 독과점적 특성 때문에 발생된다. 구조적 공백이란 네트워크 상에서 노드들 간의 링크가 불완전한 상태로 놓여 정보나 자원이 흐름이 다른 주변 노도들에게 원활히 전달되지 못하고 상대적으로 고립 혹은 단절되는 경우이다.[22] 핵 개발과 통제의 동학이 핵을 가지고자 하는 국가(단체)와 저지하고자 하는 국가(단체)의 줄다리기라는 점에서 NPT체제는 네트워크 상에 있는 노드를 빠짐없이 통제하여야 한다. 그러나 ‘문제 국가’들 간에 수평적 공조가 은밀히 확산될 경우 통제의 실효성이 낮아질 수밖에 없다. 이처럼 ‘문제 국가’들 간에 은밀한 수평적 공조가 있는 경우 매우 포괄적

22) 조은정(2014), “국제 핵 · 미사일 통제체제의 ‘구조적 공백과 북한의 핵 · 미사일 협력네트워크”, 『국가전략』 제20권 3호, 세종연구소, p.12.

이고 종합적인 통제가 이행되어야 하지만 국제정치의 현실을 감안하면 이는 거의 불가능하다. 바로 이런 구조적 공백이 엄연히 존재하는 국제정치 현실에서 NPT체제는 국제통제 시스템으로써 한계에 직면할 수밖에 없다. 1970년 NPT체제 설립 이래 계속 비핵국으로 분류되어온 대부분의 국가들은 오늘날 더 이상 균질한 집단이라고 보기 어렵다. 이들은 핵에 대한 태도에 따라 세 그룹으로 나누어지는데 NPT 체제에서 핵 비확산을 위해 제시한 협약을 충실히 이행하고 있는 다수의 국가들이 있는가 하면, 핵 개발 야심을 가지고 기회를 엿보고 있는 국가들(nuclear ambition states)과 그 야심을 성공시킨 사실상의 핵국(de facto nuclear states)으로 구분해 볼 수 있다.[23] 이들은 공통적으로 모두 NPT에 가입하고 있지 않거나 탈퇴하여 국제통제체제의 영향권에서 벗어나 있다.[24]

나. 이중 잣대

(1) 미국의 이중 잣대

NPT체제의 이중 잣대도 문제다. NPT체제의 이중 잣대는 '핵무기 보유국가'의 책임과 의무를 훼손했고, '핵무기 비보유국가'들에게 핵보유의 명분을 제공하였다. 미국은 핵 비확산에 대해 매우 엄격한 기준(gold standard)[25]을 유지해왔다. 특히 9·11 테러 이후 핵물질이

23) 대표적 핵 야심 국가는 이란이며, 사실상 핵국가는 인도, 파키스탄, 이스라엘, 북한이다.

24) 조은정(2014), pp.14~15.

25) Gold Standard란 미국은 원자력법에 의거하여 타국과 원자력 협력시 원자력 협정 체결을 요건화하고 협정에 포함하여야 할 9개의 조건을 명시하고 있다. 9개의 조건 중 농축/재처리 포기를 협정의 조건으로 명기하는 것을 의미한다.

나 핵무기가 테러조직에 의해 대량테러로 악용되는 것을 차단하기 위해 핵비확산에 대한 예외를 인정하지 않고 있다. 그러나 핵비확산에 대한 예외가 미-인도 핵협력 협정이다. 미-인도 핵협력의 핵심은 민간 핵시설로 분류된 인도의 22개 핵시설 중 14개의 시설에 대해 국제사찰을 허가하는 대신 미국은 핵기술과 연료를 공급하며, 나머지 8개 군용원자로에 대해서는 문제삼지 않기로 한 점이다. 이에 따라 1974년 인도의 첫 지하 핵실험 이후 30여년 간 지속돼온 국제사회의 핵동결도 풀리게 됐다. 동 협정에 따라 인도는 앞으로 1년에 최대 50개의 핵무기를 제조할 수 있는 분량의 농축우라늄과 플로토늄을 생산할 수 있게 됐다. 인도와의 협정은 미국이 인도의 핵보유국 지위를 공식적으로 인정한 것이어서 이란이나 파키스탄, 북한 등 NPT 미가입국으로서 핵을 이미 개발했거나 개발하려고 하는 국가들과의 형평성과 관련하여 많은 논란을 낳았다. 인도는 파키스탄과 북한과 달리 미국의 특별대우(special treatment)를 받았다는 비난을 받고 있다.[26]

하지만 미-인도 핵협력의 가장 심각한 문제는 인도에 대해 NPT 체제의 예외를 인정함으로써 향후 국제 비확산체제가 갈수록 설득력을 잃게 되리라는 점이다. NPT 미가입국으로서 이미 수십개의 핵탄두를 보유하고 있는 인도에 대한 부시 행정부의 특별대우는 핵무기의 수평적·수직적 확산을 금하고 있는 NPT 체제의 기본정신에 대한

26) 미국은 특별대우의 변으로 미-인도 핵협력 협정 합의 직후 인도는 북한이나 이란과 달리 민주주의 신념이 있고 국제사찰에 대해 확실한 다짐을 한 국가라고 주장했다.

중대한 도전이다. 즉 NPT에 가입하지 않은 인도에게 특별대우를 하는 것은 국제사회가 핵무기 확산을 방지하려는 노력에 찬물을 뿌리는 행위이며, 오직 NPT 내에서 국제감시를 받고 있는 국가들만이 민간용 핵기술 거래를 할 수 있다는 원칙에도 벗어난다는 것이다. 이는 국제법 내지 국제규범을 위반한 행위임이 명백하다. 북핵문제가 해결기미를 보이지 않고 있는 이면에는 국제규범인 NPT체제가 자국의 정치적 이해득실에 따라 운영되었기 때문이다. 또한 북핵문제를 해결하기 위한 6자회담이 북한의 지연전술과 미국과 중국에서 역동적 역할과 책임을 다하지 않았기 때문이다.

(2) 중국의 이중 잣대

중국의 입장에서 인도의 핵보유는 중국안보에 위협이 될 수 있다는 인식을 가지고 있었다. 하지만 인도와 파키스탄 간 분쟁이후 중국과 인도의 관계개선으로 대중국 위협인식의 변화, 양국의 핵문제와 관련한 협력가능성, 미국의 대중국 견제에 대한 대응 필요성 등의 요인으로 중국의 입장이 바뀌었다. 특히 미국의 대중국 견제전략의 일환으로 인도를 '실질적 핵보유국'의 신분을 인정하자[27] 중국은 미국의 대중국 견제에 대응하기 위해 인도를 견인할 필요가 있었던 것이다.

반면 중국과 파키스탄은 안보분야의 전략적 협력을 중시하는 긴밀한 관계를 유지해 오고 있다. 1962년 중국과 인도의 국경분쟁 당

---

27) 미국의 인도핵무기 용인 및 한계와 관련된 내용은 다음을 참고(정철호, 『NPT 유용성 한계의 극복방안』 세종정책연구 2011-6, 세종연구소, 2011)

시 미국이 인도를 지원하자 파키스탄은 중국과 전략적 협력을 통해 인도 및 미국에 대항하였다. 이에 중국은 미국의 봉쇄전략을 뚫기 위해 파키스탄과 정치관계를 강화하고 군사적 지원을 통해 인도를 압박했다.[28] 중국과 파키스탄 간의 긴밀한 정치적・전략적 협력관계는 이후 양국 간 긴밀한 핵 협력의 기초가 되었다. 1976년 양국 간 핵 협력이 시작된 이후 1986년 공식적 핵협력 합의서를 통한 핵기술 전수로 양국 간 핵협력이 심화되었고, 1998년 파키스탄은 핵실험을 하였다. 중국이 파키스탄의 핵개발을 적극적으로 지원한 것은 미국과 인도라는 공동적 전략적 억제대상에 대한 전략적 이익이 일치하였기 때문이다. 또한 중국은 자국의 핵능력 우위의 상태에서 우호국 주변국에 대한 핵확산을 장려함으로서 적대적 핵강국인 미국을 견제하는 이이제이(以夷制夷) 전략을 활용하였다.[29] 즉 중국의 이이제이 전략은 제3세계 국가들의 핵무기 개발을 원조하거나 용인하는 대체 역량 확보를 통해 미국을 견제하는 전략이다.[30] 따라서 후발 핵보유국이 일정 수준 미국에 대항능력을 확보하는 것이 오히려 중국의 전략적 이익에 부합한다는 것이다.

중국은 인도와 파키스탄의 핵문제에 대한 상반된 접근은 중국의 안보 및 전략적 이익을 기준으로 주변국의 핵에 대한 입장 및 정책을 결정하고 있기 때문이다. 안보협력 대상인 파키스탄에 대해서는 핵개발을 지원하고 용인했지만 안보위협 대상인 인도의 핵개발에는

28) 이기현 외, 『중국의 주변외교전략과 대북정책』, 통일연구원, 2015, pp.18~19.
29) 이기현 외, 『중국의 주변외교전략과 대북정책』, 통일연구원, 2015, p.20.
30) 양순창, "중국 핵전략의 이중성", 『대한정치학회보』 20집2호, 2012, p.234.

반발했다. 이처럼 동일한 사안에 대해 중국의 접근방식이 다른 것은 자국 안보이익의 유·불리에 따라 정책을 결정하였기 때문이다. 물론 주변국의 안보인식이 중국의 인식이 일치되어야 한다. 이처럼 중국은 이념적 선언적 당위성보다는 자국 안보의 전략적 전술적 이익 여하에 따라 주변국의 핵개발 및 보유를 용인할 수도 있다는 반증이다. 이런 측면에서 중국은 북핵을 파키스칸 핵처럼 활용할 수도 있다.

Ⅲ. 북한 '핵'에 대한 미·중의 전략

1. 미국의 북핵 전략

중국은 2008년 베이징 올림픽의 성공과 미국의 금융위기를 매개로 하여 중국이 영향력 확대를 시도하였다. 이를 위한 중국의 첫 움직임이 신형대국관계의 형성이다. 이런 중국의 행보에 대해 미국의 동아시아 정책은 아시아 회귀(Pivot to Asia)를 통한 재균형(re-balancing)정책이다.[31] 재균형 정책이란 중국의 팽창과 러시아의 재부상을 견제할 목적으로 중국 주변국가와 관계를 강화하여 지역균형을 달성한다는 것이다. 구소련이 붕괴된 이후 미국은 아시아 지역이 핵심이익 지역이 아니라는 차원에서 역외균형(offshore

31) 미국의 '아시아 회귀정책(Pivot to Asia)'은 미(美) 국무장관 힐러리 클린턴이 2009년 2월에 일본, 한국, 중국, 인도네시아를 방문하였고, 7월에는 태국 푸껫에서 개최된 아세안지역안보포럼(ARF: ASEAN Regional Forum)에 참석하여 미국의 아시아로의 귀환(The U.S. is "back in Asia.")을 알렸다.

balancing) 정책을 견지해 왔다. 그러나 중국의 부상이 동아시아 지역에서 균형을 깨뜨린다는 인식에서 중국의 영향력 팽창을 견제하기 위해 아시아 회귀라는 재균형 정책으로 전환했다. 미국의 동아시아 정책은 부시 정부에서 오바마 정부로 이양되면서 정책노선이 수정되었다. 즉 이라크 및 아프간 철수 등 중동 지역에서 탈(脫)관여(disengagement)정책을 추진하고, 이를 배경으로 아시아 회귀정책을 추진하였다. 클린턴 국무장관의 ARF 참여를 통해 동남아 국가들과 군사협력을 강화함으로써 중국이 남중국해 분쟁에 대해 잠정적으로 '관리 모드'로 들어가는 등의 성과를 거두었다.[32] 그러나 오바마 2기 행정부는 시리아에 대한 비(非)관여(non-engagement), 이란 핵협상 추진 등과 같은 중동지역에서 유리한 환경이 조성되었지만 아시아 회귀정책을 추진하지 않았다. 이런 동아시아에서 힘의 공백은 중국이 동아시아 지역에서 상대적으로 영향력을 확대할 수 있는 모멘텀을 지속시킬 수 있었다. 그러나 동아시아 역내에서의 중국의 상대적 부상은 오바마 대통령이 2014년 4월 일본과 한국을 방문함으로써 아시아 재(再)관여(re-engagement) 정책으로 전환하게 되었다. 오바마 대통령은 아베 수상과 함께 '힘에 의한 현상변경 반대' 입장을 밝혔는데 이는 중국의 동아시아 해상영향력 확대전략은 물론 러시아의 재부상 전략에 대해서도 동시에 견제하는 의미를 내포하고 있는 것이다.

---

32) 클린턴 국무장관은 2010년 7월 23일 하노이 개최 ARF에서 '남중국해 영해문제 및 자유항행문제는 미국의 이해와 일치하는 사안'이라고 천명한 후 8월 8일에는 미국의 핵 항모 조지워싱턴호가 양국관계 정상화 15주년 기념차원이라면서 다낭항 해상에 정박했다. 이는 중국에 대한 강한 메시지였다.

북한 핵문제에 대한 미국의 공식적 입장은 '완전하고 검증가능하며 비가역적(非可逆的)인 핵 폐기(CVID)'이다. 그러나 미국의 공식적 입장 천명에도 불구하고 북핵문제를 처리하기 위해 북미 양자협상은 물론 다자협상에도 크게 적극적인 모습을 보이지 않고 있다. 현재 미국의 입장은 핵 안보 차원에서 비확산이라는 국제레짐(NPT)에 의존하는 소극적 방어적 행태를 보이고 있다. 이를 오마바 행정부는 선의의 무시 내지 전략적 인내 전략(strategic patience)이다.[33] 미국이 약소국 북한에 대해 선의의 무시 내지 전략적 인내 전략을 구사하고 있다는 점은 북한으로서는 북핵문제의 논쟁적 수위를 한 단계 낮추었다는 점에서 전혀 불리할 것이 없다.[34] 이런 미국의 소극적 북핵정책은 북한이 핵능력을 고도화하는 시간벌기(buy-time)을 해주었다는 비판이 제기되고 있다. 한편 미국이 북핵문제에 대해 소극적 방어적 행태는 보이고 있다는 점은 북핵문제 해결이 미국 안보위협의 우선순위에 있어 높은 위치를 차지하지 못하거나 북핵을 해결하기 위해 모색할 수 있는 정책수단의 부족함에 기인할 수 있을 것이다. 그러나 북한이 2016년 2차례의 핵실험과 7차례의 탄도미사일 발사,

---

33) 안문선은 미국이 경제적 상황이 어려운 가운데 아프간, 이라크, 이란 문제를 다루면서 북핵문제까지 주도적 입장을 취하는 것보다 소극적 관리가 합리적 선택이라면서 이러한 태도를 방어적 현실주의 입장이라고 규정했다.(안문선(2011), "국제정치이론 관점에서 본 오바마 행정부의 외교안보정책," 『국제정치논총』, 제51집 3호, 한국국제정치학회, p.94 참고.)

34) "케리 미 국무장관, '중국과 협력강화로 북한이 조용해졌다' 발언 논란," 『조선일보』, 2014년 7월 21일. 이에 대해 전 국무부 북한담당관 조엘 위트(Joel Wit)는 『조선일보』와의 인터뷰(2014년 7월 28일)에서 "북한이 핵실험을 하지 않고 있다는 의미로 발언한 것 같다면서 오바마의 전략적 인내 정책은 완전히 실패했다고 주장했다.

잠수함탄도미사일(SLBM) 등으로 인해 전략적 인내의 한계에 대한 비판이 높아지고 있다.[35)] 전략적 인내의 대북 대북정책은 전략적 사고(strategic thinking)가 결여되어 있고, 희망적 사고(wishful thinking)에 의지하고 있었다. 따라서 비전략적 방기(non-strategic abandonment)에 가까운 인내정책은 북한의 핵능력을 고도화한 것이다.[36)]

한편 트럼프(Donald Trump) 당선자의 대북정책 -북핵정책- 의 방향은 그의 유세과정에서의 공약과 발언 등에서 찾을 수 있다. 우선 북한 김정은에 대해서는 "미치광이(maniac)같지만 이를 인정해줘야 하며, 그의 무자비한 정권 장악력을 칭찬"하고, 또한 "김정은과 핵 프로그램 중단을 위해 대화할 용의가 있다고 언급"하고, "북핵 문제 해결을 위해 북한의 유일한 외교 및 경제 후원국인 중국에 대한 압박을 강화"하겠다고 밝혔다. 예를 들어 북핵문제 해결을 위해 트럼프는 미중 간의 무역관계를 카드로 이용한다면 중국이 북한문제에 적극적으로 나서면서 북핵 해결의 돌파구가 될 것이라고 밝혔으며, 이와 관련해 중국 수입물품에 45% 관세부과를 제시하기도 하였다. 또한 차기 트럼프 정부의 플린 국가안보보좌관 내정자는 북한의 핵과 미사일 위협과 관련해선 "북한의 위협이 커졌다"고 지적하면

35) 전략적 인내의 한계를 지적하고 북핵문제 해결에 보다 적극적으로 임해야 한다는 논의가 최근 많아지고 있다. 그 방안 중의 하나로 거론되는 것이 북한정권의 교체가 유일한 해결책이라는 논의가 대두되었다.(조선일보, 2016.3.19)

36) 김재천, "4차 북한 핵실험과 전략적 인내의 종언: 미국의 대북정책 변화 분석", 『통일정책연구』 第25권 1호, 통일연구원, 2016, p.2.

서 "차기 행정부에서 북핵 문제를 우선순위로 다뤄나가겠다. 한미간 긴밀한 협의 하에 진행해 나가겠다"는 입장을 보였다. 그리고 북핵문제 해결을 위한 대화의 방향은 "대화가 비핵화의 방향으로 가야지 핵보유국으로 인정하는 식의 대화는 될 수 없다"는 점을 확실해 했다.[37]

2. 중국의 북핵전략

중국의 '북핵 해결 3대원칙'이란 ①한반도의 비핵화 실현, ②한반도평화와 안정, ③대화를 통한 문제해결이다. 동시에 3가지의 원칙 중 하나라도 빠져서는 안 된다는 결여불가(缺如不可)의 입장을 고수하고 있다.[38] 핵실험을 거듭할수록 핵능력이 강화된다는 것은 상식이다. 북한의 핵능력이 강화되어 가는 상황에서도 1차 핵실험 이후의 원칙과 입장을 고수해야 한다는 경직적 태도를 보이는 것은 북핵문제를 근원적 해결할 수 있는 접근법이 아니다. 상황에 달라지면 대응조치도 달라져야 하는 것이 세상의 이치다. 사실 중국은 '북핵 해결 3대원칙'에 따라 유엔안전보장이사회의 대북제재에 동참해 왔다. 그러나 중국는 미중관계, 북중관계, 남북관계의 상황에 따라 참여강도는 '제재와 소극적 방관적 제재' 사이에서 기복을 보여 왔다.[39] 또한 북한이 3차례의 핵실험을 거치는 동안 중국의 태도는 거

37) 연합뉴스(2016.11.20)

38) 홍관희, "중국의 북핵 딜레마", 『월간 북한』 2월호, 2016, pp.66~67.

39) 2006년 10월 1차 핵실험 이후 중국은 비핵화 우선, 압박중심의 정책을 시행하였다. 그러나 2009년 5월 북한의 2차 핵실험 이후 북한체제의 안정을 중시하면서 대북지원 중심의 정책을 시행하였다. 2013년 2월 비핵화를 강조하면서 압박중심의 정책으로 선회하였지만 중국은 미국과 북한의 입장과 행동을 확인 후 신중하게 대응하

의 일정한 패턴을 유지했다. 즉 중국의 패턴은 북핵에 대해 반대입장을 밝히고 북한에 비핵화 약속을 지키고 정세를 악화시키는 행동을 하지 말 것을 촉구하면서도 관련 각국이 냉정하게 대응할 것과 대화, 협상, 6자회담을 통해 비핵화 문제를 해결할 것을 호소하였다.

인접국가에 핵무기를 보유한 국가가 생긴다면 해당 국가는 지정학적 측면에서 안보위협을 받는다. 그러나 인접국가의 핵무기 억지력에 대해 중국이 신뢰한다면 인접국(파키스탄, 북한)의 핵무장에 크게 위협을 받지 않을 수 있을 것이라 판단할 수 있다. 오히려 잠재적 적대국인 미국의 영향력에 현저한 타격을 줄 수만 있다면 중국의 상대적 이익은 미국에 비해 훨씬 클 것이다. 따라서 중국이 파키스탄의 핵을 중국의 대미 견제의 수단으로 활용한 것처럼 북한 핵은 동아시아 지역에서 미국과 일본을 견제할 수 있는 수단으로서의 가치는 충분하다.

중국은 북핵에 대해 명시적으로 반대를 표명하고 있지만 파키스탄의 핵개발을 지원한 사례에서 본 것처럼 암묵적으로는 실리적 국가이익을 고려해서 북핵문제의 해결에 접근하고 있다. 중국은 북핵이 중국의 안보에 직접적 위협, 동북아 국가들의 연쇄적 핵무장 초래, 한반도에 대한 중국의 영향력 약화, 전통적 완충지의 상실 가능성 등과 같은 이유 때문에 북한의 핵개발에 반대한다고 주장하고 있다.[40] 그러나 중국은 북한의 핵개발에 대한 실질적 제재수단을 가지

는 위험회피적 접근법을 취하고 있다.

고 있음에도 불구하고[41] 실효성 있는 국제사회의 제재나 대북한 영향력 행사에는 소극적이다. 중국은 북핵에 반대하면서 비핵화보다는 북한의 안정을 유지하는 데 우선순위를 두는 이율배반적 태도를 보이고 있다. 한편 중국은 대륙으로 팽창하려는 해양세력에 대한 견제, 미국의 핵확산 전략에 대한 견제, 중국의 핵보유 정당화 명분 제공, 미중 간 잠재적인 대결구도에서 북한 핵 활용 등과 같은 긍정적 측면도 중시하고 있다.[42] 특히 동북아 지역에서 미국의 아시아 회귀정책(pivot to Asia)과 중국의 신형대국관계가 충돌하는 상황에서 북핵은 대미 핵억지력의 대체역량으로 활용하는 것이 중국에게는 실리적이다. 즉 동북아지역에서 북핵을 용인하는 것이 중국의 대미 핵억지력을 향상시켜 주는 특화된 가치를 가지고 있다. 따라서 중국의 입장에서 북핵을 반대하는 전략보다 북핵을 용인해 미국을 견제하는 이이제이(以夷制夷) 전략이 효과적이라고 판단해 동쪽의 무력화 전략 카드가 북한의 핵개발이라고 판단되며, 따라서 중국의 반대 입장은 수사적 차원일 뿐이다.[43]

중국의 북핵전략은 동아시아 정책의 맥락에서 추진되고 있다. 즉 동아시아 지역은 미국의 재균형정책과 중국의 세력팽창이 충돌하고

---

40) 양순창, "북한핵문제에 대한 중국의 대응", 『대한정치학회보』 17집2호, 2009, pp. 127~128.

41) 북한의 대중국 대외교역 비중은 90%이고, 유류 소비량의 90% 이상을 중국에 의존하고 있다.

42) 양순창, "북한핵문제에 대한 중국의 대응", 『대한정치학회보』 17집2호, 2009, pp. 128~129.

43) 양순창, "북한핵문제에 대한 중국의 대응", 『대한정치학회보』 17집2호, 2009, p.127.

있다는 점을 배경으로 중국은 북한 핵개발에 대해 역내의 상황에 따라 '소극적 관리자' 역할과 '적극적 해결자' 역할 을 선택하면서 자국의 대미 전략적 이익을 도모하고 있는 것으로 판단된다. 예를 들어 중국은 북한에 대해 적절한 영향력을 행사하면서 대만문제 등에서 대미전략적 양보를 기대할 수 있다는 것이다. 한편 중국은 한반도에 고고도(高高度) 미사일 체제(THAAD)의 도입에 대해 강력한 반대 메시지를 보내고 있다. 이는 북핵 위협이 미국의 군사전략적 이익에 활용되는 것을 저지하기 위한 노력으로 판단된다. 반면 미국은 중국의 대북 영향력에 대한 믿음을 바탕으로 중국의 역할을 촉구하고 있는데 중국은 이와 같은 미국의 압력에 대해 상기와 같은 전략적 이익을 도모하는 노력을 하는 동시에 6자회담의 당사국들에게 공동의 책임을 지도록 책임분산을 요구하고 있다.

북핵 문제를 해결하는 과정에서 중국은 '조심스러운 수용자'에서 '주도적 건설자'로 변화하였다. 이런 중국의 태도변화는 복합적 측면을 보이고 있다. 먼저 국제안보현안에 대한 책임 있는 G-2 국가로서 노력하는 모습을 보이는 것이며, 또한 6자회담 의장국으로서 회담 진행과정에서 주도권을 행사함으로써 미국에 대한 레버리지를 가질 수 있다는 전략적 이해 측면도 있다. 이런 대내외 상황을 고려하면 중국이 동아시아에서 세력팽창 정책을 시행하며 북핵 전략도 이런 맥락에서 정책을 추진하고 있다. 결국 중국은 미국의 대북 영향력 행사요청에 대해 국익차원 주도권은 유지하면서 6자회담 참여국들에게 책임을 분담시키는 분산전략(diffusion strategy)을 구사하고 있다.

Ⅳ. 북한 '핵'에 대한 한국의 전략

1. 북한의 '핵보유'에 따른 한국의 딜레마

북한의 핵보유가 장차 한반도의 평화와 통일에 부정적 영향을 미칠 것은 분명하다. 북핵 위협에 대비하기 위해 한국에 '확장 억지력'(extended deterrence)보장을 약속했다.[44] 하지만 북한의 핵무기 위협에 대처하기 위해 미국의 핵우산 속에 들어가야 하는 한국입장에서 선택카드가 거의 없다는 점은 부인할 수 없다. 다시 말해 한국이 당면한 최대의 딜레마는 북핵이 기정사실화되고 있지만 한국은 속수무책이라는 점이다. 또한 6.25전쟁 이후 한국은 북한권력자들에게 '남쪽은 우리가 핵으로 위협하면 언제든지 우리 손에 놀아날 수밖에 없다'고 하는 학습효과를 주어왔다는 점도 중대한 위협요인이다.[45]

한국은 북한의 핵무장능력이 향상되고 있는 상황에서도 미국에 핵우산에 의존하는 것 이외에는 능동적으로 대응할 수단이 거의 없

44) 미국의 '확장억지력'(extended deterrence)이란 북한이 한국을 핵무기로 공격할 경우 미국이 자국에 대한 핵공격으로 간주하여 자국의 대규모 핵전력으로 보복한다는 뜻을 북한에 전달하여 북한의 핵도발을 억제시키는 개념이다.

45) 북한의 수많은 공격에 대해 한국은 대응다운 대응을 한 일이 없다. 천안함 폭침과 연평도 포격도 예외는 아니다.

다는 점이다. 한국은 북핵 위협에 속수무책의 '핵 딜레마'의 수렁에 빠졌다는 점이다. 즉 한국의 '핵 딜레마'는 북한 핵무장에 대해 핵무장으로 대응할 수 없다는 점이다.46) 이런 한국의 '핵 딜레마'의 상황을 북한은 최대한 악용할 것이라는 점이다. 사실 북한의 핵보유가 기정사실화(de facto)된 상황에서 한국의 '핵 딜레마'는 재앙이 아닐 수 없다. 북한의 핵실험이 거듭될수록 '핵'을 앞세운 암묵적 위협수위가 높아졌다. 사실 북한이 핵실험을 거듭할수록 한국은 북핵의 위협의 강도는 점점 더 강경해졌다.47)

북한이 국제사회의 제재에도 불구하고 5차례의 핵실험을 감행하였다는 의미는 핵질주를 계속한다는 것이다. 즉 어떤 형태로든 핵을 포기하지 않을 것이며 대화를 통한 핵문제 해결은 기대할 수 없다는 의미다. 대화를 통해 북핵문제를 해결할 수 없다면 우리의 대응이 무엇인가에 대해 심각하게 고민해야 한다. 그러나 '우리는 미국이 제공하는 핵우산에 있으면 된다, 그리고 미국의 핵우산을 만병통치약이다'라고 안이하게 생각하고 있다. 미국의 핵우산은 사후약방문인데도 불구하고 '핵우산'에만 의존하고 있는 형국이다. 바로 북한이 국지적으로 핵을 사용했을 경우 과연 미국이 핵우산을 펴 줄 것인가

46) 배드 가이 국가인 북한은 핵무기를 갖고 한국의 핵무기 보유를 금지하는 미국의 한반도 정책을 뇌사(腦死)정책(brain-dead policy)이라고 비판하고 한국과 일본과 같은 우방들에게 핵무장을 허용하는 방향으로 미국정책이 선회되어야 한다는 주장도 있다.(Doug Bandow, *"America's Brain Dead Policy Toward The Korean Peninsula: Time for South Korea and Japan to Develop Nuclear Weapons?,"* Forbes (August 11, 2014), pp.4~5.)

47) 박형중(2014), 「김정은 집권 이후 핵정책 및 대남정책」, Online Series CO 14-10, 통일연구원, pp.1~2.

에 대한 심각한 고민이 필요한 시점이다. 미국이 아시아에서 핵전쟁을 각오하지 않으면 미국은 한국을 위해 핵우산을 펼치지 않을 수도 있다는 점을 고려해야 한다. 미국은 아시아에서 한미동맹을 유지하는 것보다 중국과의 공존을 우선시 할 수도 있기 때문이다.

물론 대안이 전혀 없는 것은 아니지만 묘안이 없는 것 같다. 우선 대안으로 제기되는 것이 '조건부 핵보유론'이다. '핵보유론'의 논지는 북한을 공격하자고 하는 것이 아니라 북한 핵에 대한 대항력과 견제력을 가져 북핵 억지력(deterrence)을 높여 북핵의 위력을 감소시키려는 것이다. 또한 동북아에서 북핵으로 인한 '미국의 악몽'을 일본, 한국, 대만에 대한 핵무기개발을 통한 동북아의 핵도미노 현상을 '중국의 악몽'으로 전환시켜 중국이 북핵포기에 적극적인 노력을 촉구한다는 점이다.[48] '조건부 핵무장론' 이외의 대안으로는 '미국의 전술핵 재배치론'[49], '통일을 통한 북핵문제의 근원적 해결론', '일본식 핵연료주기 완성론'[50] 등이 있다. 이런 대안들은 당장 실천가능하지 않다는 점을 고려할 때 미국과의 협력을 통해 지속적인 외교노력을 펴야 한다는 주장도 강력하게 대두되고 있다. 미국과의 협력을 강조하는 주장의 이면에는 핵무기 개발이 현실적으로 가능하지

---

48) 이 주장은 미국 카토연구소(Cato Institut)e의 반 도우(Doug Bandow)가 주장하고 있다.

49) 한국에 배치되었던 전술핵무기는 '한반도비핵화선언'이 채택되기 이전에 조지 H. W 부시 대통령의 명령에 의해 한반도에서 철수되었다.

50) '일본식 핵연료 재처리론'은 당장 핵보유를 추진하기 보다는 필요할 때 핵무기 제조가 가능하도록 기술을 향상시키고 핵재처리를 금한 한미원자력협정의 개정을 요구해야 한다는 주장이다.

않으며 자칫 국제사회의 제재에 봉착할 가능성이 있다는 점을 강조한다. 여기서 중요한 문제는 한국이 더 이상 강대국게임의 피해자가 되지 않아야 한다는 점이다. 그러기 위해서는 우리는 이제 더 이상 핵의 국제정치에서 변방으로 남아있어서는 안 된다는 점이다.

또 다른 딜레마는 중국의 북한 비호정책(庇護政策)이다. 중국은 북한을 전략적 완충지대로 삼아 자국의 동맹국으로 간주하면서 냉전시대의 동맹외교를 한반도의 핵개발 방지라는 시대적 요청보다 우선시 하고 있다. 만약 6자회담 참가국 모두가 일치해서 북한을 압박했다면 북한은 핵을 포기하지 않을 수 없을 것이다. 그러나 중국의 비호정책은 북한이 지연전술을 쓸 수 있는 시간을 주었다는 점을 주목해야 한다. 중국은 명시적으로 밝힌 적은 없지만 '북한 비핵화'라는 기존 목표를 '북 핵 상황의 안정적 관리'로 하향화한 것으로 보인다. 즉 6자회담을 재개하여 북한의 핵능력 강화과정을 중단시켜서 상황악화를 막는데 기본 목표를 두고, 북한 비핵화는 상황전개를 보아가며 장기적인 관점에서 풀어나가려는 것으로 관측된다. 중국은 현 단계를 북한이 이미 부분적으로 핵무기설비를 갖추고 있으며 한반도가 핵확산의 위험에 직면해 있는 것으로 보고 있다. 이러한 상황에서 북한의 핵 포기는 어차피 북미 적대관계의 해체 등을 통해 평화체제가 구축되는 프로세스와 맞물려 있다고 보기 때문에 이를 위해서는 북한 못지않게 미국의 의지가 중요하다고 본다. 따라서 중국은 북한의 핵 능력강화과정에 제동을 거는 한편 핵이 확산되지 않도록 하는 쪽으로 정책중점을 옮긴 것으로 보인다.[51] 한편 중국은 김정은 정권에 대해 확실하게 정치・경제적 지지를 제공하는 대신에 그 대가로 북한에 대한 보다 분명한 영향력을 확보하려고 한다는 사실이다.[52] 즉 중국은 북한을 지원하는 대신에 북핵문제와 관련해서 북한의 도발 자제를 희망하는 중국의 요구가 '어느 정도'는 수용되기를 바란다. 더욱이 북한은 국제사회에서 '불량국가'(rouge state)의 이미지를 벗어나지 못하고 있기 때문에 북한의 도발은 곧장 북한을 지원하는 중국에 대한 비난으로 이어진다.

2. 자강전략

핵무기는 직접사용하지 않더라도 절대무기, 정치무기라고 점에서 상대국가에 정치 군사적 위협은 절대적이다. 이런 절대무기를 가진 북한의 핵위협은 한국의 국가존망이 걸린 중차대한 문제이다.[53] 즉 북한 핵은 남북의 군사력 균형을 결정적으로 붕괴시키고 북한은 핵무기를 앞세워 '전쟁이냐 항복이냐'를 강요하면서 한국의 운신의 폭을 규정지으려고 할 것이다. '죽느냐 사느냐'의 문제와 직결된다. 북한은 사실상의 핵보유국이다. 스웨덴의 국제평화연구소(SIPRI)의 2014년 연감에 의하면 북한은 6~8개의 핵을 보유한 국가로 분류

---

51) 이종석, 「2차 핵실험 이후 북한-중국 관계의 변화와 함의」, 세종연구소, 2012, p.14.

52) 이종석, 「2차 핵실험 이후 북한-중국 관계의 변화와 함의」, 세종연구소, 2012, pp. 15~16.

53) 2004년 미국 환경기구인 NRDC 연구 결과에 따르면 북한이 국방부와 합참, 연합사령부가 있는 용산 500m 상공에서 핵폭탄을 투하해 지면에서 폭발하면 반경 1.8㎞ 내 지역은 초토화되고 4.5㎞ 이내 피해지역은 절반 이상이 피해를 입는다. 직접피해지역 사망자는 40만명, 추가사망자 22만명 등 총 62만명 이상의 사망자가 발생할 것으로 평가했다.(<국민일보>, 2015. 4.6)

하였고, 최근 조엘 위트(Joel Wit)는 10~16개의 핵을 보유한 것으로 예측하면서 '최악의 경우 2020년까지 북한이 약 100개의 핵무기를 보유할 수 있다'고 주장했다.[54] 또한 제임스 클래퍼(James R. Clapper)미 국가정보국장은 '북한이 이동식 ICBM KN-08 배치를 위한 초기 수순을 밟고 있다'고 밝히기도 했다.[55] 뿐만 아니라 북한의 핵무기 소형화 능력도 상당한 수준에 이른 것으로 보인다.

이런 일련의 내용을 종합해보면 북한의 핵개발은 상당한 수준에 도달한 것만을 분명하다. 물론 그 가능성 여부에 대해 일부에서 반론이 있다. 하지만 5차례의 핵실험과 장거리미사일 발사 등을 감안하면 북한 핵 위협이 우리 턱 밑에 바짝 다가선 위협인 것만을 분명한 사실이다. 그리고 북한 핵이 한국을 실제적 위협 수단으로 악용될 수 있는 현실에서 우리가 할 수 있는 대응전략은 자강(自强)전략을 강화하는 것이다. 자강전략이란 '적어도 한국에 대한 공격이 이익보다 손실이 많다는 것을 확실히 알릴 정도의 국방능력을 구비하는 것'일 뿐만 아니라, '우리의 선택에 의해 동맹관계를 맺을 수 있는 일정수준의 국방력을 요구 된다'는 점이 고려되어야 한다. 즉 북한이 핵을 앞세워 한국에 직·간접적 위협 내지 공격을 할 수 없을 만큼의 군사력과 정신력을 강화하는 전략이 자강전략이다.

자강의 핵심요소는 자주적 방위능력을 갖추고 있는가 없는가의

---

54) <국민일보>, 2015.4.6

55) <조선일보>, 2015.3.26

여부에 달렸다. 자주적 방위능력은 자주적 국방정책, 자주적 군사력 사용권과 함께 자주국방의 세 가지 요소라고 한다. 자주적 방위능력이 자강의 핵심요소로 기능하는 것은 방위능력이 없으면 자주적 국방정책 결정권과 군사력 사용권도 확보할 수 없기 때문이다. 자주적 방위능력은 일차적으로 국방력에 의해 뒷받침된다. 그러나 국방력은 현대적 장비뿐만 아니라 군 장병의 정신력도 매우 중요한 요소이다. 최근 논란이 되고 있는 THAAD(Terminal High Altitude Area Defense System 고고도 미사일 방어체계)는 자위적 방위능력을 구비하기 위한 불가피한 선택이다. 자강은 방위전략뿐만 아니라 북한핵의 진화에 맞는 무기체계로의 변화가 요구된다. 즉 기존의 재래식 무기의존 패러다임으로는 북한의 핵과 미사일과 능동적으로 대응할 수 없다. 또한 북핵의 노림수가 '미국이 워싱턴이나 샌프란시스코를 수호하기 위해 서울을 포기할 수밖에 없는 상황'을 만드는 것이다. 따라서 기존의 재래식 무기의존 자강패러다임을 비대칭무기 중심의 자강패러다임으로 방향의 대전환이 요구된다. 비대칭무기 중심의 자강 패러다임의 핵심을 핵무장이며 핵무장도 중요한 선택지 중의 하나로 고려해야 한다. 물론 한국의 핵무장이 대내외적인 어려움과 불이익을 초래할 수 있지만 안보이익과 경제적 이익이 충돌할 경우 안보이익을 먼저 고려하는 것이 국가전략의 우선이다.

3. 동맹전략

한국이 북한 핵 위협이 있을 경우 우리의 자강능력을 정확히 평가하는 것도 요구된다. 우리의 자강전략 -전쟁억지력 - 만으로는 분단을 평화적 관리하는 것이 사실상 불가능하다는 것이 일반적 평가이며 한미동맹은 부족한 전쟁억지력을 보충하기 위한 동맹이라는 점을 인식하고 동의하는 것이 필요하다. 북한이 핵의 소량화·경량화·다종화가 현실화되고 있는 상황과 한반도를 둘러싼 지정학적 상황을 고려할 때 한국의 생존을 위해서도 동맹은 필수불가결의 요소이다. 이런 한반도의 안보지형을 고려할 때 한미동맹의 가치는 결코 평가절하할 수 없으며, 한미동맹은 한반도 통일 이후에도 동북아에서 중국과 일본에 의한 패권경쟁을 막고 지역안정에 기여할 수 있다는 측면에서 중요한 전략적 자산인 것만은 분명하다.[56] 물론 한미동맹은 불편한 것이 사실이지만 국가의 안전보장을 위해 불가피한 선택이라 점이다.

미국이 한국에 핵우산 제공을 약속한 것은 1978년 한미안보협의회(SCM) 이후 지속되고 있다. 특히 북한이 1차 핵실험을 한 2006년 이후 핵우산을 대신해 핵우산을 포함한 확장억지(extended deterrence) 공약이 처음 도입되었다. 미국의 확장억지 공약은 현재까지 지속되고 있으며, 2009년 이후 확장억지수단으로 핵무기, 재래식무기, 미사일방어망 등이 명기되기 시작했다.[57] 문제는 미국의 대남핵우산 제공은 법적 구속력이 있는 것이 아니라 미국정부의 '약속'일 뿐이며, 핵우산 제공도 자동적으로 보장되는 것도 아니라는 점이다. 따라서 한반도에서 핵문제와 관련한 긴급한 상황이 발생하

56) 박세일(2006), 『대한민국 선진화 전략』, 21세기 북스, 2006, pp.369~374.
57) 전경만 외, 「북한핵과 DIME 구상」, 삼성경제연구소, 2010, p.140.

더라도 핵우산이 가동되기 위해서는 미국 내에서 정치적 과정을 거쳐야 한다는 점이다. 이러한 문제는 북한이 미국의 주요한 군사기지나 본토에 대해 핵으로 공격할 능력이 있는 경우에는 더욱 심각해질 수 있다. 만약 북한이 남침하면서 미국이 개입하면 일본이나 괌의 미군기지나 미국본토를 핵무기로 공격하겠다고 위협한다면 과연 미국이 신속하게 한국에서의 전쟁에 개입할 수 있을 것인가에 대해 의문을 가지게 된다.[58]

이처럼 유사시 미국의 대남핵우산에 대한 신뢰성은 결여되어 있다. 따라서 한국의 입장에서 유사시 북한의 핵공갈 내지 실제적인 핵위협이 있을 경우 미국의 핵우산이 자동적으로 개입할 수 있는 제도적 장치를 마련하는 것이 절실하다. 북한이 한반도비핵지대화를 주장하는 이면에는 미국의 대남 핵우산 철수가 궁극적인 목적이라는 점을 감안할 때[59] 미국의 핵우산제공은 더욱 절실한 문제이다. 미국이 북핵 위협에 대한 자동개입 조항을 삽입하기 위한 군사외교를 강화하는 것이 요구된다. 미국은 NATO에 비해 한반도의 전략적 가치를 낮게 평가하면서 '한미상호방위조약'에 자동개입조항의 삽입을 배제하고 있다. 이는 북한이 핵을 가지지 않은 환경에서의 군사전략적 판단이라는 점에서 재고되어야 한다. 왜냐하면 북핵은 동북아의

58) 전경만 외(2010), pp.140~141.

59) 2009년 1월 북한은 외무성 공식성명을 통해 '조선반도 비핵화'에 관한 새로운 입장을 천명했다. '조선반도 비핵화'에 따르면 북한의 핵프로그램(핵시설)은 북미수교, 경제보상 등과 맞교환할 수 있지만, 이미 만든 핵무기는 북미수교 이후 미국의 대남 핵우산 폐지와 연계하여 폐지할 수 있다는 것이다. 결국 북한의 '조선반도 비핵화'는 북한 핵무기 포기의 전제조건은 핵우산 폐지인 것이다.

질서를 무너뜨리는 중차대한 변수로 작동할 개연성이 매우 높기 때문이다. 그러나 자동개입 조항을 확보하는 것이 불가능한 상황에서 전술핵무기를 도입하는 것도 하나의 대안이다. 주지하는 것처럼 한반도에 배치된 전술핵무기는 1991년 한반도에서 철수되었다.[60] 그러나 전술핵무기 재도입도 동북아의 전략적 환경을 고려한다면 용이하지 않다는 점이다. 그렇다고 한국의 핵개발은 한미관계를 고려하면 현실성이 낮다는 점이다. 이런 측면을 고려하면 자동성을 강화할 수 있도록 '한미상호방위조약'의 격을 높임으로써 핵우산 가동을 확실히 보장하여야 한다.[61]

참고문헌

한국문헌 및 논문

김재천(2016), "4차 북한 핵실험과 전략적 인내의 종언: 미국의 대북정책 변화 분석", 『통일정책연구』 제25권 1호, 통일연구원.

남궁영(2003), '북한 핵개발과 미국: 북한의 생존전략과 미국의 세계전략을 중심으로', 「21세기 정치학회보」 제13집2호.

박세일(2006), 『대한민국 선진화 전략』, 21세기 북스, 2006.

박형중(2014), 「김정은 집권 이후 핵정책 및 대남정책」, Online Series CO 14-10, 통일연구원.

서동구(2014), "북핵의 국제정치와 한국의 딜레마", 『통일정책연구』 제23권2호, 통일연구원.

60) 전경만 외(2010), pp.143~144.
61) 전경만 외(2010), p.145.

심양섭(2005), 「한국의 반미, 대안은 있는가」, 삼성경제연구소, p.70.
안문선(2011), "국제정치이론 관점에서 본 오바마 행정부의 외교안보정책," 『국제정치논총』, 제51집 3호, 한국국제정치학회.
양순창(2009), "북한핵문제에 대한 중국의 대응", 『대한정치학회보』 17집2호.
양순창(2012), "중국 핵전략의 이중성", 『대한정치학회보』 20집2호.
연합뉴스(2016.11.20)
월간조선(2016.9.26), "북핵 키운 23년의 그 목소리들", 월간조선 2425호.
이기현 외(2015), 『중국의 주변외교전략과 대북정책』, 통일연구원.
이종석(2012), 「2차 핵실험 이후 북한-중국 관계의 변화와 함의」, 세종연구소.
전경만 외(2010), 「북한핵과 DIME 구상」, 삼성경제연구소.
정철호(2011), 『NPT 유용성 한계의 극복방안』 세종정책연구 2011-6, 세종연구소.
조은정(2014), "국제 핵·미사일 통제체제의 '구조적 공백과 북한의 핵·미사일 협력네트워크", 『국가전략』 제20권 3호, 세종연구소.
통일연구원(2014), 「김정은 시대 북한의 핵보유 및 대남정책」, 통일연구원.
한호석, "북측국방위원회 1.24 성명에 담긴 뜻", <통일뉴스>, 2013.1.28.
홍관희(2016), "중국의 북핵 딜레마", 『월간 북한』 2월호.

외국문헌

Doug Bandow(2014.8.11), *"America's Brain Dead Policy Toward The Korean Peninsula: Time for South Korea and Japan to Develop Nuclear Weapons?,"* Forbes
Scott D. Sagan(1996/1997), "Why Do States Build Nuclear Weapon?," International Security, Vol.21, No.3.

언론보도

TV조선(2014.3.26), "김정은, 2015년 통일대전 만반 준비지시"
국민일보(2015.4.6)
조선일보(2014.7.21)

조선일보(2014.7.28)
조선일보(2015.3.26)
조선일보(2016.3.19)
Washington Times(1992.4.15)

북한언론보도

2014년 북한 신년사
2015년 북한 신년사
노동신문(2006.10.26)

북한의 핵 위기 조성과 급변사태 가능성

추 부 길*

Ⅰ. 북한의 핵(核) 능력

1955년 3월, 북한 과학원 제2차 총회에서 '원자 및 핵물리학연구소' 설치 결정, 1956년 2월 28일에 소련과 맺은 '연합 핵 연구소 조직에 관한 협정' 체결로부터 잉태[1]된 북한의 핵은 1959년 영변 구룡강가에 '가구공장'이라는 간판을 단 핵연구소개발센터 설립으로 본격적으로 발걸음을 내딛었다.[2] 1962년에는 영변에 원자력연구소를 설립하고 1974년 9월에는 국제원자력협력기구(International Atomic Energy Agency, IAEA)에 가입한 북한은[3] 1985년 핵확산방지조약(Nuclear Nonproliferation Treaty, NPT)에 가입하였으면서도[4] 1986년부터 소련으로부터 기술을 이전받아 핵 프로그램(5메가

---

* 中國 复旦大学校 客座教授, 전 대통령실 홍보기획비서관, 18대 대통령직 인수위원회 정책팀장

1) 조민 · 김진하, ***북핵일지 1995~2014*** (서울:통일연구원, 2014), 6. 이하 핵관련 일정은 이 책을 참조하였다.

2) 송민순, ***빙하는 움직인다 : 비핵화와 통일 외교의 현장*** (경기: ㈜창비, 2016), 25.

3) IAEA에 한국은 1957년 8월에 가입하였다.

4) 한국은 1975년 4월 가입

와트 원자로)을 가동하기 시작했으며, 급기야 1987년에는 핵 재처리 시설을 건설하여 핵무기용 플루토늄 계획을 시도하게 된다. 그리고 1989년 8월에는 프랑스 관측위성 스폿(Satelite Probatoire d' Observation de la Terre, SPOT)이 촬영한 북한 영변의 핵시설이 처음으로 공개되면서 한국에서는 자체 핵 개발론이 대두되고, 이른바 '바빌론작전'[5] 같은 폭격론까지 거론되기도 했다.[6]

그럼에도 남북한은 1991년 12월 핵협상을 통해 '한반도비핵화공동선언'에 합의하고 이에 따라 한국은 1992년에 팀스피리트 훈련[7]도 중단하고 북한은 IAEA와 핵안전조치협정에 서명하게 된다. 그러나 북한의 남북 상호 사찰 거부로 남북간 합의는 무효화되는 파국을 맞이한다.[8]

1993년부터 2003년까지는 북한의 NPT 탈퇴 시기로 구분할 수 있다. 1993년에 NPT 탈퇴를 선언한 북한은 1994년에 다시 북・미간 핵협상을 통해 '기본합의문'을 도출하기에 이르렀으나 2003년 1월에 북한은 다시 NPT를 재탈퇴하고 2월에는 5MWe 원자로를 재가동하게 된다.[9]

2003년 4월 북・미・중 3자 회담 이후 북핵 문제 해결을 위한 6자

---

5) 1981년 이라크가 프랑스 지원하에 건설 중이던 핵시설을 이스라엘 공군이 정밀타격으로 파괴한 사건

6) 송민순, ***op. cit.,*** 26.

7) 1993년부터 다시 재개되었다. 1994~2007년에는 RSOI(Reception, Staging, Onward Movement and Integration)로 변경되었다가 2008년부터 키 리졸브(KRl Key Resolve)로 대체되었다.

8) 이해정・이용화, "북핵 논의 27년과 5차 핵실험," ***경제주평*** 16-39, 통권 712호 (2016년 9월 30일), 2.

9) ***Ibid.***, 2

회담의 필요성이 대두되면서 8월부터 1차 회담을 시작으로 2005년 4차 회담에 이르면서 9.19공동성명이 채택되기도 했지만 이러한 북핵 진전 논의는 2005년 BDA 문제가 대두되면서 북한은 다시 6자회담을 거부하게 되고 2006년 10월 9일 풍계리에서 1차 핵실험을 강행하게 된다.[10] 다시 북한 핵을 제어하기 위한 국제사회의 발걸음이 빨라지면서 2007년에 2.13,[11] 10.3[12] 합의가 도출되기도 했지만 북한은 2009년 5월 25일 플루토늄 방식의 2차 핵실험[13]을 진행하게 된다.[14] 이 핵실험으로 북한은 핵무기 개발에 자신감을 갖게 되었다.

2012년 12월 12일 북한이 장거리 미사일을 발사하면서 한반도의 안보상황은 매우 엄중하게 전개되자, 유엔 안전보장이사회는 대북결의 2087호를 발표했고, 북한이 2013년 2월 12일에는 우라늄 방식의 3차 핵실험[15]을 강행하게 된다. 3차 핵실험 후 북한은 "핵실험은 이전보다 폭발력은 크면서 소형화 · 경량화된 원자탄을 사용하여 높은 수준에서 안전하고 완벽하게 진행됐으며, 다종화(多種化)된 우리 핵억제력의 우수한 성능이 물리적으로 과시됐다"고 주장하기도 했다.[16] 이는 핵무기 개발은 물론이고 미사일에 탑재하여 공격할 수 있

---

10) 인공지진 3.9 규모로 북한 노동당 창건일(1945년 10월 10일)에 맞춰 발사되었다. 핵실험 위력은 1kt.

11) 60일간의 단계별 핵불능화 이행 합의로 60일 이내 중유 5만톤 긴급 에너지 대북지원, 미 · 북, 북 · 일 관계 정상화를 위한 양자대화 개시 등의 합의문을 담고 있다.

12) 한반도 비핵화, 미 · 북 및 북 · 일간 관계정상화 노력, 대북 경제 에너지 지원 등의 내용을 담고 있다.

13) 인공지진 4.5 규모로 미국 메모리얼데이(매년 5월 마지막 월요일)에 맞춰 발사되었다. 핵실험 위력은 3~4kt.

14) 이해정 · 이용화, ***op. cit.,*** 3~4.

15) 인공지진 5.0 규모로 김정일 위원장의 생일(1942년 2월 16일)을 기념하여 발사된 것으로 보인다. 핵실험 위력은 6~7kt.

는 소형화 능력과 우라늄을 통한 핵무기 개발에도 성공하였다는 것을 말해 준다. 이에 유엔 안전보장이사회는 다시 대북결의 2094호를 발표했지만 북한은 반발을 이어갔으며 위협 공세도 서슴치 않았다.[17]

북한당국은 또 2013년 3월 31일, 당 중앙위원회에서 '경제건설과 핵 무력 건설 병진노선'을 채택하고 "핵 보유를 법적으로 고착시키고 세계의 비핵화가 실현될 때까지 핵 무력을 질량적으로 확대 강화할 것"을 선언했다.[18] 4월 1일에는 최고인민회의 제12기 7차 회의에서 법령 '자위적 핵보유국의 지위를 더욱 공고히 할 데 대하여'를 채택하여 헌법 전문에 규정한 '핵보유국' 지위를 법령으로 구체화하였다.[19]

그러다가 2016년 1월 6일에는 수소탄(증폭핵분열탄) 방식의 4차 핵실험[20]을 하면서 또다시 도발을 하였고, 2016년 9월 9일의 5차 핵실험은 역대 최대급 핵실험[21]으로 북한 핵고도화 프로그램의 가속화를 예고하는 것으로, 향후 대외정책에 핵의 전략적 활용도를 높여

---

16) "北, 3차 핵실험 강행…다종화 핵억제력 과시," <연합뉴스>, 2013년 2월 12일

17) 박영호, "박근혜 정부의 대북정책: 한반도 신뢰프로세스와 그 과제," *한반도포럼세미나* (한반도포럼, 2013년 5월 10일), 1.

18) "당 중앙위원회 2013년 3월 전원회의에 대한 보도," <조선중앙통신>, 2013년 3월 31일

19) "세계의 비핵화, 미국의 비핵화가 선결조건이다," <노동신문>, 2013년 5월 3일.

20) 북한은 4차 핵실험이 수소탄 실험이라고 주장하나, 수소폭탄의 폭발력을 고려하면 플루토늄이나 우라늄을 활용한 증폭핵분열탄일 가능성이 높다. 김정은 위원장의 생일(84년 1월 8일)을 기념하여 실시된 4차 핵실험의 위력은 6kt으로 인공지진 4.2 규모였다.

21) 핵실험의 위력은 4차의 2배 정도로 10~20kt(히로시마 원폭 15kt 수준)으로 추정되며 수소탄의 폭발력(100kt)에는 미치지 못해 증폭핵분열탄으로 추정된다. 인공지진 5.0 규모였다.

갈 것으로 예상되어 그 심각성이 깊어지고 있다.[22)]

특히 이번 5차 핵실험은 실로 북한 핵무기를 개발 단계에서 생산・배치 단계로 격상시킨 게임 체인저(game changer)가 되었다. 이제 북한은 핵탄두와 투발 수단 모두에서 실질적으로 남한을 공격할 수 있는 무기들을 확보했고 지속적으로 확대하고 있는 것으로 평가된다. 그동안 한・미군과 관련 당국들이 제2의 한반도 전쟁 시뮬레이션을 진행해 온 것으로 알려지고 있다. 시나리오에 따라 다르지만 공통적인 것은 북한이 핵무기를 포함한 대량살상무기를 사용할 것이라는 것을 전제한다는 점이며, 그 피해는 최대 사상자 1,000만 명, 재산 파괴 및 경제 활동 중단에 따른 피해 1조 달러에 이른다고 보고 있다는 것이다.[23)]

북한은 이러한 핵을 무기로 하여 전 세계의 위상을 드러내려 하고 있다. 그리고 핵 보유국으로 인정받으려 한다.[24)] 6자회담은 2008년

---

22) 이해정・이용화, ***op. cit.,*** 5.

23) 권만학, "대북정책, 통일 아니라 비핵・평화가 되어야," <중앙일보>, 2015년 11월 6일

24) 핵확산금지조약(NPT)이 인정하는 '핵보유국(핵무기국, nuclear weapon state)'은 합법적 핵무장국 5개국 이외에는 절대로 그 명칭을 사용할 수 없다. 핵무기 보유의 합법성을 떠나 현재 NPT틀을 떠나 핵무기를 가진 국가들(인도, 파키스탄, 이스라엘)은 '사실상 핵보유국'으로 불리지만 이들에게는 여하한 핵보유국의 합법적 지위는 보장되지 않는다. 따라서 이들 국가는 '핵무장국'으로 부르는 것이 타당할 것이다. 이들 국가들은 원자력 물자와 전략물자의 국제통상에서 철저히 배제당하는 불이익과 제재를 받고 있다. 그런데 북한은 NPT회원국이었다가 불법 핵개발 활동이 탄로나자 NPT를 탈퇴하여 핵무장한 나라이다. 이런 이유로 북한은 핵무장한 3국과도 법적 지위가 다르다. 그렇기 때문에 북한은 190개국이 가입한 NPT를 개정하기 전에는 결코 핵보유국이 될 수 없다. 전봉근, "북한이 영원히 핵보유국이 될 수 없는 이유," ***국가안보전략*** 통권 49호 (한국국가전략연구소, 2016년 9월),

12월을 마지막으로 중단되어 있다. 남・북간 신뢰도 그 한계를 드러냈다. 사실 그동안 북한은 핵 위협과 이에 따른 협상을 통해 많은 이득을 쌓아왔다. 지난 반세기 동안의 북핵 협상은 4단계 악순환 패턴을 보여 왔다. 일반적으로 ①북한의 핵 도발 ② 핵 위기 발생과 협상 개시 ③ 일괄 타결식 핵 합의 ④ 합의 붕괴가 그것이다.[25] 북한의 합의 무시는 남북협상에서 다반사로 일어난 것이었다.

1971년부터 시작된 남・북한간 당국자 대화는 2016년 10월까지 643회나 있었다. 시기별로는 70년대에 111회, 80년대에 64회, 90년대에 172회, 2000년대에 296회 개최되었다. 분야별로 보면 정치 분야 254회, 군사 분야 49회, 경제 분야 132회, 인도 분야 153회, 사회・문화 분야 55회 등이다. 여기에는 정상회담 2회, 총리급 회담도 10회 등이 포함되어 있으며, 합의서만 해도 239개 정도나 된다.[26] 결국 그동안 한 달에 1~2번 만나서 협상했으며, 두 달에 한 번꼴로 합의서를 만든 셈이다. 만약 그 합의서대로 진행되었다면 이미 평화 통일이 되고도 남았을 것이다. 그러나 현재의 남・북한 관계에서 합의서대로 진행된 것은 개성공단 하나 밖에 없다. 오히려 북한은 핵개발을 했고, 그 핵으로 남한과 주변국들을 위협하고 있다. 결국 신뢰가 바탕

19~21.

25) 전봉근, "북핵정책의 위기와 대응전략," *한반도포럼세미나* (한반도포럼, 2013년 5월 10일), 12.

26) 역대 정부별로 보면 박정희 정부 111회(13건 합의서), 최규하 정부 10회, 전두환 정부 22회(1건 합의서), 노태우 정부 164회(26건 합의서), 김영삼 정부 27회(6건 합의서), 김대중 정부 87회(54건 합의서), 노무현 정부 169회(124건 합의서), 이명박 정부 16회(2건 합의서), 박근혜 정부 37회(13건 합의서) 등이다 홍양호, "남북정상회담의 성공조건," ***2015 한중동북아포럼*** (한반도선진화재단, 2015년 4월 16일), 46.; 통일부 남북회담본부, ***남북대화*** 제77호 (서울: 통일부, 2016) 75~128.

이 되지 않고서는 대화를 위한 대화는 아무 의미가 없다는 것을 논증해 준다.

이러한 비신뢰는 미・북간에도 그대로 적용되었다. 그러니 미국의 전략적 인내(Strategic patience) 정책이 전략적 실패로 끝날 수밖에 없는 것이다. 협상을 통해 북한 핵을 해결하려 했던 그동안의 정책들은 수포로 돌아갔다. 미국이 전략적 인내 정책을 펴는 동안 북한은 다섯 차례의 핵실험을 했고, 현재 20개의 핵탄두를 보유하고 있으며, 5년 안에는 100개로 늘어날 것으로 분석되고 있다. 아울러 북한은 핵을 장착한 미사일을 미국 본토까지 도달시킬 수 있는 핵탄두를 보유하고 있으며, 사이버 해킹 능력도 점점 키워가고 있다.

한편, 한국의 국방부는 북한이 6kg보다 적은 양의 플루토늄으로도 핵무기 1개를 제조할 수 있는 수준에 도달해 현재 8~9개 정도의 핵무기를 보유하고 있을 것으로 추정했다.[27] 미국 존스홉킨스 대학의 조엘 위트(Joel Witt)도 2015년 2월, 북한이 10~16개의 핵무기를 보유하고 있으며, 중거리 노동 미사일과 ICBM 수준의 대포동 2호 미사일에 핵탄두를 장착시킬 정도로 소형화에 성공했다고 발표한 바 있다. 또한 북한이 2020년까지 최소 20개에서 많기로는 50개, 그리고 최대 100개까지 핵무기를 보유하게 될 것으로 전망했다.[28] 조엘 위트는 북한의 핵개발을 용인한다면 2020년에는 한국과 미국, 일본은 매우 심각한 상황에 직면하게 될 것이며 통일도 요원해질 것이

27) "군 핵무기 8개 이상 보유 가능성", <중앙일보>, 2015년 12월 26일
28) "北, 2020년까지 核 100개 제조… '38노스' 운영 조엘 위트 전망", <국민일보>, 2015년 2월 26일

라고 경고하고 있다.

미국의 랜드연구소도 북한은 농축우라늄 분리 기술 개발에 따라 1956년 미군이 배치했던 핵포탄 W-33과 같은 소형 핵무기를 만들 수 있는 능력이 있는 것으로 판단하고 있다. 핵무기도 2020년까지 40개 이상을 만들 수 있을 것으로 내다보았다.[29] 미국의 SAIS는 현재 추세로는 2020년까지 핵무기를 20개에서 100개까지 보유할 것으로 전망하고 있으며,[30] 역시 미국의 연구기관인 과학국제안보연구소(ISIS)는 북한의 플루토늄과 우라늄 재고량을 추정해 본 결과 북한이 핵무기를 10개에서 16개 정도 보유하고 있다는 보고서를 발표했다. 북한은 또 2014년 말 기준으로 플루토늄 30~34kg을 보유하고 있는 것으로 추정했는데 이는 영변 원자로의 폐연료봉 재처리를 통해 확보한 플루토늄에서 두 차례의 핵실험 때 사용하고 남은 추산치이다. 또 영변 핵시설의 원심분리기를 가동해 무기급 농축 우라늄 100kg을 확보했을 수 있다고 이 보고서는 밝히고 있다. 만약 미국의 정보기관 추정대로 북한이 제2 원심분리기까지 가동했다면 보유량은 최대 240kg으로 늘 수 있다고 이 보고서는 추산하고 있다. 이런 추정치를 합했을 때 15개에서 22개의 핵무기를 만들 수 있다는 것이다. 그러나 실제 핵무기 제조 과정에서 계산 분량보다 40% 정도를 더 사용하는 것을 감안한다면 북한이 현재 보유한 핵무기는 16개에서 20개

---

29) Timothy M. Bonds, Michael Johnson, and Paul S. Steinberg, ***Building the Army We Will Need*** (Santa Monica, CA: Rand, 2015), 6.

30) Robert Carlin & Robert Jervis, ***Nuclear North Korea: How Will it Behave?*** (Washington DC: US-KOREA Institute at SAIS, October 2015), 7~8.

정도 될 것으로 추측하고 있다.[31)]

데이비드 올브라이트(David Albright) 미국 ISIS 소장은 2015년 2월 24일, 북한의 핵무기는 현재 15개 안팎(8개는 HEU; high-enriched uranium, 고농축 우라늄)이며, 5년 후에는 100개까지 가능할 것으로 보았다.[32)] 올브라이트는 2016년 6월 현재 13~21개의 핵무기를 보유하고 있을 것으로 추정하기도 했다.[33)]

반면, 올리 하이노넨(Olli Heinonen) 전 IAEA 사무차장(2015년 2월)은 앞으로 5년 이내에 핵무기 100개를 갖는다는 것은 기술적으로 한계가 있어서 불가능하다면서 1년에 3~4개 정도 제조가 가능하기 때문에 5년 이내에 15~20개 정도의 핵무기를 만들 수 있을 것으로 보았다. 한편 문장렬(2015)은 북한의 핵무기는 현재 20개 내외, 2016년 34개, 2018년 43개 제조함으로써 최종 100개정도 만들어질 것으로 예측했다.[34)]

세종연구소가 주관한 '제21차 세종-CICIR 국제학술회의'에서도 북한이 핵무기 분야에서 진전을 이뤄가면서 핵 강국으로 등장할 것

31) David Albright, ***North Korean Plutonium and Weapon-Grade Uranium Inventories***, (Washington DC.: ISIS-Institute for Science and International Security, January 8, 2015. revised Oct. 5, 2015), 2~3.

32) David Albright, ***Future Directions in the DPRK's Nuclear Weapons Program: Three Scenarios for 2020, North Korea Future Series*** (US-Korea Institute at SAIS, 2015), 19~30. 100여기의 핵무기를 갖는다는 것은 실전 배치의 양적 장벽인 '2격 능력(the second strike capability)'를 확보한다는 것을 의미한다.

33) David Albright and Serena Kelleher-Vergantini, "Plutonium, Tritium and Highly Enriched Uranium Production at the Yongbyon Nuclear Site," ***Imagery Brief*** (Institute for Science and International Security, June 14. 2016). 1.

34) 권혁철, "능동적 핵 억제전략," ***204회 공동체자유주의세미나*** (한반도선진화재단, 2015), 4~6.

이라는 전망이 제시되었다. 북한은 핵무기 소형화 작업에서 진전을 거둔 것으로 보이는데, 최근 고폭 실험을 진행하고 있지 않은 것을 그 근거로 제시했다. 또한 북한의 핵무기가 가까운 시일 내에 빠르게 늘어날 것으로 전망되고 있다. 찰스 퍼거슨(Charles Ferguson) 미국 과학자협회 회장은 북한의 실험용경수로 완공으로 핵무기 생산능력이 핵무기 5~6개 분량 가량 증대될 것으로 보고 있다.[35)]

중요한 것은 북한의 주장대로 소형화 · 경량화가 과연 이루어졌을까 하는 점이다. 최근에 핵무기를 개발한 중국과 프랑스가 핵무기 실험 성공 후 '소형화 · 경량화'하는데 2년이 소요되었다는 기준을 적용해 보면 3차 핵실험 후 3년 이상이 지난 지금 북한이 그들의 주장대로 '소형화 · 경량화'에 성공하였을 가능성이 크다 할 것이다.[36)] 또 그동안의 여러 미사일 실험들이 이를 입증해 준다. 김정은도 2016년 3월, "국가 방위를 위해 실전 배비한(배치한) 핵탄두들을 임의의 순간에 쏴버릴 수 있게 항시적으로 준비해야 한다"고 지시한 바 있다.[37)] 북한 핵무기의 '소형화 · 경량화'[38)]는 핵무기를 실어 나를 수 있는 투발수단의 급격한 기술 증가를 의미한다는 점에서 의미가 크다.

---

35) 정성장, "북핵문제와 한반도 통일," *제21차 세종-CICIR 국제학술회의* (세종연구소, 2015년 9월 14일), 9.

36) 박휘락, "북한의 SLBM 공격에 대비한 우리의 대응전략," *안보 긴급진단 정책토론회: 북한의 SLBM 위협과 우리의 대응* (한반도선진화재단, 2016년 9월 19일), 14~15.

37) "北 김정은, 핵탄두 임의의 순간에 쏠 수 있게 준비해야," <연합뉴스>, 2016년 3월 4일

38) 미사일의 직경보다 작게 소형화하고, 미사일의 탑재중량보다 가볍게 경량화

이러한 상황을 미국은 이미 2014년에 예측한 바 있다. 오바마 행정부에 큰 영향력을 행사하는 싱크탱크인 미국신안보센터(CNAS, Center for a New American Security)는 '대북 억제가 실패한다면: 한반도 분쟁 재검토(If Deterrence Fails: Rethinking Conflict on the Korean Peninsula)' 제목의 보고서에서 "한 · 미 양국은 북한이 3년 내 전술핵무기(Tactical Nuclear Weapons) 배치 가능성을 주시하고 유사시 전술핵 사용 억제 대책을 마련해야 한다"고 밝힌 바 있다.[39] 그 실전 배치 예측 시기가 바로 2017년이었다.

이러한 모든 예측들이 북한은 더 이상 통제할 수 없는 국가, 제어가 불가능한 국가, 한국을 넘어 아시아는 물론이고 미국 본토에까지 영향을 미칠 수 있는 국가로 낙인을 찍고 있는 것이다.

이제 시간이 별로 남지 않았다. 북한 핵무기의 사실상 완성 시기도 앞으로 1~2년 앞으로 다가왔으며 핵무기 100개가 넘어설 것으로 보이는 2020년에는 미국조차 북한을 함부로 넘볼 수 없는 국가로 변모할 것으로 예측된다.

Ⅱ. 북한 핵(核) 투발수단의 진전

1. 북한의 핵 투발 수단

중요한 것은 만들어진 핵무기를 어떤 방식으로 투발하느냐의 문제이다. 일반적인 핵 투발 방식으로는 항공기, 대포, 핵배낭, 탄도 및

---

39) Patrick M. Cronin, ***If Deterrence Fails: Rethinking Conflict on the Korean Peninsula*** (CNAS, March, 2014), 20.

순항 미사일 등이 있다. 이 중에서 항공기(폭격기 등)는 비교적 큰 규모의 대형 핵무기를 운반할 수 있으나, 목표지역 접근과정에서 탐지 및 요격 가능성이 커 효용성이 없다. 개념적으로도 북한이 보유한 전투 폭격기에 탑재중량 등을 감안하면 현실적으로 탑재가 어려운 상황이다.[40]

핵 배낭(특수원자파괴탄: Special Atomic Demolition Muntion)을 이용한 투발 가능성도 있다. 최근 북한 전문매체인 자유아시아방송은 북한이 각 군단 산하 특수부대들에 방사성 물질을 살포하는 일명 '더티 밤(Dirty Bomb)' 부대를 신설했다고 보도했다.[41] 2016년 3월경에 신설된 것으로 알려진 핵배낭부대에서는 실제 폭탄은 지급하지 않고 무게가 10kg부터 28kg까지 여러 종류인 모의폭탄을 활용해 훈련하고 있는 것으로 알려졌다. 북한군 당국은 '핵배낭'이라는 폭탄의 실체에 대해 "실제 핵폭탄처럼 큰 폭발은 일으키지 않으나 방사성 물질을 광범하게 살포해 적들에게 핵폭발과 꼭 같은 타격을 주는 특수무기라고 병사들에게 가르치고 있다"고 한다.

통상 핵무기의 특성상 핵배낭을 만들기 위해서는 높은 수준의 기술력이 요구되기 때문에 군사전문가들은 북한의 핵배낭에 대해 부정적 반응을 보이고 있다. 그러나 핵무장에 대한 집착이나 최근의 동향 등을 고려하면 핵배낭부대의 실체에 대해 완전 부정하기도 어려운 것이 사실이다. 북한은 우리가 말하는 '핵배낭부대'는 아니더라도 화생방 표식이 되어 있는 배낭 내에 '더러운 폭탄(화생방 물질)'

---

40) 극동문제연구소, "북한의 핵 투발수단," ***북핵 · 미사일 리포트*** 2016-06 (극동문제연구소, 2016년 7월 29일), 1~2.

41) "북한군, 방사능 살포 부대 신설," <자유아시아방송>, 2016년 8월 23일

을 휴대하고 유사시 우리 후방지역에 은밀 침투하여 화생방 물질을 광범위하게 살포해 해당지역 생물체를 몰살시키는 임무를 수행할 수도 있고 실제 소형화된 핵폭탄이 아니라 고농도 우라늄을 살포하는 무기일 수도 있기 때문이다.[42)]

2. 탄도미사일을 통한 핵투발 가능성

북한의 핵기술과 함께 북한의 핵탄두 기술이 소형화에 성공하여 로켓에 실어 미국 본토까지 보낼 수 있다는 점이 강력한 위협 요소이다.[43)] 북한은 1970년대부터 탄도미사일 개발에 착수하여 1980년대 중반 사정거리 300km의 SCUD-B와 500km의 SCUD-C를 생산하여 작전 배치했다. 1990년대에는 사정거리 1,300km인 노동미사일을 시험 발사한 후 작전 배치했으며, 2007년에는 사거리 3,000km 이상의 무수단 미사일을 작전 배치하였다. 이로써 북한은 한반도를 포함한 일본, 괌 등 주변국에 대한 직접적인 타격능력을 보유하게 되었다. 또 1998년 대포동 1호, 2006년 대포동 2호를 시험 발사하였고, 2009년, 2012년 4월과 12월 등 총 다섯 차례의 장거리 미사일 발사를 통해 미국 본토를 위협할 수 있는 능력을 보유한 것으로 추정된다.[44)]

---

42) 한국국가전략연구원, "북한, 더티밤 부대 보유설," ***국가안보전략*** 통권 50호 (한국국가전략연구원, 2016년 10월), 10.

43) "미 북부사령관, 북 핵미사일 미 본토 도달 가능," <VOA Korea>, 2015년 10월 9일. 미군 합참의장 지명자인 조셉 던포드(Joseph F. Dunford Jr) 해병대 사령관도 2015년 7월 상원 인준 청문회에서 북한이 "미 본토를 직접 타격할 수 있는 탄도미사일 능력을 갖출 수 있다"고 말했으며, 마틴 뎀프시(Martin E. Dempsey) 미 합참의장도 지난 2015년 7월 '2015 군사전략보고서'를 발표하면서 북한은 핵무기를 보유한 불법 국가이며 미국 본토에 도달할 수 있는 미사일을 개발하고 있다고 밝힌 바 있다.

2015년에 들어서도 단거리 미사일을 5회에 걸쳐 22발을 발사하였으며, 2016년에도 장거리 미사일을 포함하여 중 · 단거리 미사일을 21회에 걸쳐 37발이나 쏘아댔다.[45)]

더불어 찰스 재코비(Charles H. Jacoby) 북미방공 사령관을 비롯한 미국의 국방 분야 고위 관리들은 북한의 이동식 미사일 발사대(TEL; Transporter Erector Launcher) 탑재 기술에 대해 수차례에 걸쳐 우려를 표명하였으며, 이러한 우려는 2013년과 2014년 미 하원 군사위원회에 제출된 보고서에서도 그대로 나타나고 있다.[46)] 북한은 현재 이동식 미사일 발사대를 200대 이상 보유하고 있는 것으로 추정된다.[47)] 이동식 미사일 발사대는 선제타격 같은 유사시 사실상

---

44) 국방부, ***2014 국방백서*** (대한민국 국방부, 2014년 12월 31일), 28~29. 참고로 북한에서 미국 본토까지 도달 가능한 이동식 대륙간 탄도 미사일(ICBM)은 KN-08로 북한이 성능개량 작업을 하고 있는데 실전 배치는 오는 2020년 이후가 될 것으로 보인다. John Schilling, Jeffrey Lewis and David Schmerler, "A New ICBM for North Korea?," ***38 North Report***, December 22, 2015

45) 2016년 10월까지의 숫자. (2월 7일 광명성 4호, 3월 3일 300mm 신형방사포 6발, 3월 10일 단거리 탄도미사일 2발, 3월 18일 노동계열 미사일 2발, 3월 21일 300mm 신형방사포 5발, 3월 29일 300mm 신형방사포 1발, 4월 1일 단거리 지대공미사일 1발, 4월 15일 무수단 계열 미사일(1차) 1발, 4월 23일 SLBM 1발, 4월 28일 무수단 계열 미사일(2차) 1발, 추가(3차) 또 1발, 5월 31일 무수단 계열 미사일(4차) 1발, 6월 22일 무수단 계열 미사일(5차) 1발, 6월 22일 무수단 계열 미사일(6차) 1발, 7월 9일 SLBM 1발, 7월 19일 노동 2발 · 스커드 1발, 8월 3일 노동미사일 2발, 8월 24일 SLBM 1발, 9월 5일 무수단 계열 미사일(7차) 3발, 10월 15일 무수단 계열 미사일(8차) 1발, 10월 20일 무수단 계열 미사일(9차) 1발 (10월 15일과 20일 발사 미사일은 무수단이 아닌 ICBM일 가능성도 있다.)

46) House Armed Service Committee, ***Statement of General Charles H. Jacoby, Jr. United States Army Commander United States Northern Command and North American Aerospace Defense Command Before the House Armed Services Committee*** (U.S. House of Representative Committee, U.S. House Armed Service Committee, Feb. 2014) 참조

47) Department of Defense, ***Military and Security Developments Involving the***

모든 이동식 발사대의 추적이 불가능하기 때문에 미국의 핵 공격을 받은 후에도 살아남아 워싱턴을 상대로 '복수의 한 발'을 날리는 '제2격(Second Strike) 능력'이 살아있다는 점에서 심각하다 할 것이다.[48)]

문제는 김정은의 군사전략이 체제유지와 생존차원을 넘어서 보다 공격적인 목표를 세우고 이를 실현하려 한다는 점이다. 김정은의 군사전략 단기목표는 군사강국 공고화이다. 더불어 대남 무력 적화 통일 달성을 군사전략의 중장기 목표로 설정하고 이를 위해 핵무기를

Democratic People's Republic of Korea; Report to Congress 2015 (Office of the Secretary of Defense, Jan., 2016), 19.; "北 이동식 미사일 발사대에 軍 '킬체인' 무력화 우려", <연합뉴스>, 2016년 6월 24일; "北, IRBM용 TEL 100기 이상 보유… 동시다발 核타격 목표", <문화일보>, 2016년 6월 24일. 중거리탄도미사일(IRBM) 무수단(BM-25 · 북한식 명칭 '화성-10') 발사에 사실상 성공한 북한은 단거리 및 중장거리 이동식 발사대(TEL · 북한명 자행발사대)를 200기 이상 보유하고 있어 한반도 전역은 물론 베이징(北京)과 도쿄(東京), 미국 괌 기지까지도 은밀한 기습적 타격이 앞으로 가능할 것으로 분석되고 있다. 소형 · 경량화된 핵탄두를 탑재하게 되면 북한의 중거리 미사일은 동시다발적 타격이 가능한 가공할만한 '공포의 무기'로 떠오를 전망이다. 북한은 독사와 스커드 B, C 단거리 미사일용 TEL 100기, IRBM 전용 TEL 100기, 대륙간 탄도미사일(ICBM)용 TEL 6기, 잠수함발사탄도미사일(SLBM)용 수중 TEL 1기 등 200기 이상의 TEL을 보유하는 것으로 파악되고 있다. 미 국방부는 '2015 북한 군사동향 의회보고서'를 통해 이 같은 사실을 미 의회에 보고한 것으로 나타났다. 특히 지난 2014년부터 전략군사령부 산하에 미 본토를 사정권에 둔 사거리 1만2000~1만3000㎞로 알려진 ICBM인 KN-08 여단 창설을 준비해온 북한군이 KN-08 전용 TEL을 6기 이상 보유하고 있는 사실도 확인됐다.

48) TEL을 이용한 탄도미사일은 군사위성 등으로 조기 탐지가 어렵다. 이에 따라 오는 2020년대 중반에 완성되는 핵미사일 발사 움직임 사전 탐지를 전제로 하는 선제타격 개념인 킬체인(kill chain)과 한국형 미사일방어체계(KAMD)의 효용성에 대한 논란도 확산될 것으로 예상된다. 이와 관련, 미 특전사 대령 출신인 데이비드 맥스웰 조지타운대 전략연구센터 부소장은 "TEL을 통한 미사일 발사는 군사위성 등으로 발사 장소 탐지와 추적이 어려워 상당히 위협적"이라고 말했다.

사용하려 하고 있다.

그래서 김정은은 어려운 경제 사정에도 불구하고 2014년에 신형 방사포와 다수의 스커드(SCUD) 계열 미사일 등 70여발의 프로그(Frog) 로켓 등 100여 발의 미사일을 발사하면서 성능 테스트를 한 것이고, 이는 '조국통일대전'을 향한 김정은의 의지를 보여주는 것이라 볼 수 있다.[49]

김정은의 의지를 보여주는 또 하나의 근거는 1만 5000km ICBM, 5000km SLBM을 2016년 말까지 완성하라는 김정은의 지시가 있었다는 점이다.[50] 이 명령대로 이행된다면 2017년 상반기에는 실질적 배치가 마무리 될 수도 있음을 감안해야 할 것이다.

3. SLBM을 통한 핵 투발 가능성

(1) 잠수함

한반도 주변국, 특히 미국을 가장 신경 쓰게 만드는 북한의 주요 무기가 바로 북한의 SLBM(Submarine-launched ballistic missile)이다. SLBM을 전력화하려면 수직발사대를 설치할 수 있는 3,000t급 이상 잠수함이 절대적으로 필요하다.

국방부는 북한이 70여척의 잠수함정을 갖고 있는 것으로 파악하고 있는데,[51] 그중 잠수함으로 분류되는 로미오급(배수량 1830t)은

---

49) 정상돈, "김정은 정권의 군사전략: 목표와 방법," *동북아안보정세분석* (국방연구소, 2015년 4월 6일)

50) "김정은, 1만5000km ICBM과 5000km SLBM 연내 완료하라," <중앙일보>, 2016년 11월 11일. 일본의 TV아사히가 11월 10일, 북한 내부 정보를 군 수뇌부(정찰총국원)로부터 독자적으로 입수하여 방송한 것을 인용한 기사이다.

19척이고[52] 300t급의 상어급 잠수정이 38척인 것으로 보인다.[53] 연어급은 길이 29m에 130t으로 매우 작은 잠수정인데 2000년대부터 등장하여 21척 정도 보유중이다.[54]

3천t급 잠수함 보유는 포착되지 않고 있으나 1990년대 중반, 구 소련으로부터 골프급(2800t) 잠수함을 도입해 역설계한 신포급 잠수함[55]을 보유중인 것으로 보인다. 여기에는 함교(선체 가운데)에 '북극성1호' 미사일 1기가 탑재 가능한 것으로 분석되었는데, 이 잠수함은 길이 66~67m, 폭 6.6m, 배수량 2000t 정도로 추산되며 2014년 11월에 1번함이 진수된 것으로 보고 있다. 비록 발사관이 1개 뿐 이어서 군사적 효용가치는 크지 않는데 이는 한국측 공격에는 유용할 수 있으나 미국 본토 공격에는 부적합하기 때문이다. SLBM이 전략적 가치를 가지려면 최소 SLBM 3기 이상 탑재하여야 한다. 그럼에도 신포급 잠수함의 발사능력은 안정화 단계인 것으로 평가되는데, 이는 위성 분석 결과 항상 잠수함 남쪽에 가까이 있었던 수중발사용 바지선이 최근에는 잠수함 북쪽에 다소 멀리 떨어져 있는 것으로 파악되었기 때문이다.

중요한 것은 북한도 미사일(SLBM) 발사관을 2~3개를 갖춘 신형 잠수함을 제작하고 있다는 점이다. 김정은은 지난 2016년 6월 22일, 중거리 탄도미사일 무수단 발사 직후 과학자들과 만난 자리에서 신

---

51) 국방부, ***2014 국방백서*** (대한민국 국방부, 2014년 12월 31일), 11~12.
52) 22척 중 2척은 퇴역, 1척은 침몰
53) 이세환, "북한의 잠수함 전력," <국방홍보원 콕뉴스>, 2015년 8월 26일
54) 양욱, "북한 SLBM은 얼마나 위험할까," <조선일보>, 2016년 9월 3일
55) 군에서는 연어-상어 다음으로 큰 덩치를 감안하여 고래급으로 부른다.

형 잠수함의 건조를 재차 지시한 것으로 알려졌다. 북한은 옛 소련이 해체를 의뢰하며 1993년에 매각한 배수량 3000t 규모의 골프급 잠수함을 분석해 얻은 기술을 바탕으로 여러 개의 발사관을 탑재하는 신형 잠수함을 개발중인 것으로 보인다.[56)]

2009년에 착수하여 현재 제작중인 3000t급 신형 잠수함은 2017년 10월까지 제작을 완료한다는 목표하에 건조중인데 북한 해군과 제2경제위원회, 그리고 018 과학기술자 돌격대까지 만들어 프로젝트를 가동 중인 것으로 알려졌다. 전략잠수함 건조는 2가지 방향으로 진행되고 있는데 하나는 러시아에서 들여 온 3000t급 잠수함을 개조하여 SLBM 4발을 적재할 수 있도록 개조하는 것이고, 또 하나는 3000t급 잠수함 리모델링 작업을 통해 얻은 경험에 기초하여 3,500t급 원자력 잠수함을 설계 연구하는 것이다. 이 중 3000t급 잠수함의 리모델링은 빠른 속도로 진행되고 있다고 한다.[57)]

북한이 이렇게 3000t급 이상의 잠수함을 건조하고 있다는 사실은 미국의 북한 전문매체인 '38노스'를 통해 밝혀지기도 했다.[58)] 결국 2발 이상의 SLBM을 장착할 수 있는 잠수함도 불과 빠르면 1년, 늦어

---

56) "김정은, SLBM 3발 장착 잠수함 만들라," <중앙일보>, 2016년 8월 26일. 이 신문은 일본의 도쿄신문과 니혼게이자이(日本經濟)신문을 인용하여 보도한 것이다.

57) NK지식인연대, "신포 봉대보이라 공장 내에 노후 된 러시아 3천 톤급 잠수함 2대 있다," ***2016년 9월 클로즈업 북한*** (NK지식인연대, 2016년 9월 8일). 핵추진잠수함의 건조 완료 목표는 2018년이다. 처음에는 핵추진잠수함 건조는 불가능하다고 여겼는데 북한 정찰총국 121 사이버부대가 러시아 원자력잠수함 회사에서 3500t 골드급 원자력잠수함의 일체 도면을 해킹하면서 본격적으로 건조를 시작했다고 한다.

58) "38노스, 북한, 고래급보다 큰 잠수함 건조 추정 포착," <조선일보>, 2016년 10월 1일

도 2~3년 내에 우리의 눈앞에 나타나게 될 것으로 예측된다는 점에서 문제의 심각성이 있다.

(2) SLBM

잠수함의 기술 진보와 함께 주목해야 할 것은 김정은 정권이 SLBM 개발을 위해 엄청난 집중을 하고 있으며, 빠른 시일 안에 완성될 것으로 예측된다는 점이다.[59)]

북한이 언제 SLBM 개발을 시작하였는지 정확하게 판단할 수는 없지만 2014년 10월에 육상에서 첫 번째 SLBM 사출(launch) 시험을 실시하였고, 2015년 1월 23일 해상에서 사출시험을 하였으며, 이것을 탐지한 후 한・미 양국군은 북한이 SLBM을 개발하고 있다는 사실을 파악하게 되었고, KN-11로 명명한 후 추적하기 시작하였다. 그리고 2015년 5월 8일 시험발사 후 북한은 수중사출 시험에 성공하였다고 발표하였다.[60)] 북한은 11월과 12월에도 잇따라 수중 사출 시험을 한 바 있다. 2016년 3월에는 북한이 대륙간탄도미사일(ICBM)을 개량한 잠수함 발사 탄도미사일 SLBM의 지상 사출시험을 한 바 있다.

그리고 2016년 7월 9일에도 북한은 SLBM을 발사했는데, 신포급

---

59) "김정은, 1만5000km ICBM과 5000km SLBM 연내 완료하라," <중앙일보>, 2016년 11월 11일. 사거리 1만5000km의 ICBM은 미국 본토 전역을 공격할 수 있으며, 사거리 5000km의 SLBM은 동해에서 발사하면 괌까지 도달이 가능하다. 북한 외무성은 2016년 11월 6일 대변인 담화에서 "미국은 가까운 앞날에 우리의 생명을 노린 저들의 창끝이 오히려 자기들의 숨통을 끊어놓는 몸서치리는 현실에 직면하게 될 것"이라고 밝힌 바 있다.

60) 박휘락, ***op. cit.,*** 18.; 김성걸, "김정은 4번째 시험만 참관…이벤트성 무력 과시?," <국방일보>, 2015년 5월 17일

(2000t급) 잠수함에서 발사돼 물 밖으로 솟아올라 점화하는 데는 성공했으나 10여 km 고도에서 공중폭발한 것으로 분석되었다. 비행거리가 수 km에 불과한 것으로 보아, 300km는 날아가야 SLBM이 완성된 것으로 보기 때문에 지난 4월 23일 발사 때처럼 수중 사출에서 점화까지의 '콜드런칭(cold launching)' 기술은 어느 정도 궤도에 올라섰으나 비행기술은 아직 완성되지 못한 것으로 분석되었다

2016년 8월 24일에도 동해상에서 잠수함발사탄도미사일(SLBM) 1발을 시험발사하여 500㎞를 비행했는데, 북한 SLBM의 최대 사거리는 2000여㎞로 추정돼 왔기 때문에 500㎞를 비행한 것은 사실상 성공했거나 성공에 근접한 것으로 분석된다. 군 당국은 북한이 3~4년내 SLBM을 실전배치할 것으로 예상해왔지만 이번 시험발사 성공으로 북한이 이르면 2016년 말, 늦어도 2017년까지는 SLBM을 신포급 잠수함에 실전배치할 것이라는 전망이 나오고 있다. 당초 예상보다 개발이 급진전된 것이다.[61] 국방부도 국회 국방위원회 현안보고에서 "향후 북한은 SLBM 실전배치를 위해 진력할 것"이라면서 "신뢰도 검증을 위한 추가 발사, 잠수함 작전능력 점검 등 전력화까지 1~3년 정도의 기간이 소요될 것으로 보이지만 무수단의 사례를 고려하면 북한은 현재 상태로도 작전 배치를 완료했다는 주장을 할 수 있다"고 했다.[62]

그러나 미국 38노스의 존 실링(John Schilling)은 북한의 SLBM 개발이 예상보다 빠르지만 북한이 잠수함 모델로 도입한 러시아의 경

---

61) "북 SLBM 1발 발사, 500km 비행 성공," <조선일보>, 2016년 8월 24일

62) "국방부 北 SLBM 1~3년내 전력화 가능…美 본토까지 위협," <연합뉴스>, 2016년 8월 29일

우에도 첫 번째 성공적인 시험발사후 2년 동안 12번의 다양한 추가 시험을 통해 작전배치를 한 적이 있기 때문에 북한도 빨라야 2018년 하반기 정도에나 실전 배치가 가능할 것으로 보았다.[63] 그렇게 봐도 2년 후이다.

북한이 핵무기 운반수단 중 인공위성에 노출되는 대륙간탄도미사일(ICBM)이나 전략폭격기보다 SLBM에 모든 힘을 쏟는 것은 이유가 분명하다. 북한은 한・미연합군사훈련인 을지프리덤가디언(UFG) 연습 때 미국 항공모함이 뜨면 핵미사일 기지가 그대로 노출되자 이동식 발사차량(TEL)을 수 백대 만들고도 안심이 안돼 핵탄두 탑재 SLBM을 깊은 바닷속 잠수함에 숨겨 위협적인 전략무기로 활용하겠다는 의도인 것이다.

특히 핵무기 운반수단은 전략폭격기, ICBM(대륙간탄도탄), SLBM 등 세 가지로, SLBM을 보유하는 최종 목표는 미사일에 핵탄두를 장착하는 것이기 때문에 SLBM은 위치가 노출되지 않아 어디서 발사될지 모르며, 적의 전략 폭격기나 ICBM에 의해 지상을 공격받은 후에도 물속에서 보복 공격이 가능하기 때문에 문제의 심각성이 있다.

더불어 북한이 2~3년 내에 SLBM을 실전 배치하게 되면 남북한간 전략 게임의 규칙이 뒤바뀌게 된다는 점도 문제의 심각성을 더해

63) John Schilling, "North Korea's SLBM Program Progresses, But Still Long Road Ahead," <38 North>, 26 August 2016

준다. 첫째는 북한이 미국 본토를 타격할 수 있는 군사능력을 보유하게 될 것인바, 이는 한반도 전쟁 발발시 미 증원군 파병에 걸림돌로 작용하게 될 것이다. 둘째는 한반도 유사시 후방기지 역할을 하는 주일 미군기지가 타격범위에 들어가게 되어 전쟁지속능력을 약화시키는 요인으로 작용하게 될 것이다. 셋째는 유사시 한국의 해상교통로를 봉쇄할 경우 한국은 막대한 경제적 피해를 입게 될 것이다.

Ⅲ. 북한의 핵 위기 조성의 의도

그렇다면 북한은 왜 이렇게 무모하다고 할 정도로 핵 개발에 집중하는 것일까? 상대도 안될 것 같은 미국에 대해 엄포를 놓고 일본과 한국을 향해 전쟁 불사의 의지를 불태우는 것일까? 국제사회와 주변국, 특히 중국의 우려와 만류에도 불구하고 5차 핵실험을 강행 하고 SLBM을 통한 핵위협 범위를 넓히는 데는 북한 나름대로의 전략과 전술이 있다.

우선 북한은 미국과의 대화를 지속적으로 시도하면서 강력하게 요구하는 사항이 있다. 바로 평화협정이다. 북한의 최고인민회의 상임위원장인 김영남은 지난 2016년 9월 17일 베네수엘라에서 열린 제17차 비동맹 정상회의 연설에서 미국에 대해 대북 적대시 정책 철회와 평화협정 체결을 요구했다.[64] 미국과의 평화협정 체결을 요구하는 북한의 의도는 북한은 미국을 핵으로 선공격하지 않겠으니 미

64) "北 김영남, 미국에 평화협정 체결 요구," <뉴시스>, 2016년 9월 20일

국도 북한에 대한 전쟁을 하지 않겠다는 약속을 하라는 것이고 그 약속을 이루기 위해 미국은 한국에서 주한미군을 철수하라는 것이다. 이러한 북한의 요구는 1954년 6월 15일 '제네바정치회의' 최종회의에서 남북간 평화협정 제의를 시작으로, '북미 평화협정체결'(1974년 3월 25일)과 '북미 평화협정 체결 및 남북 불가침 선언' 동시 체결을 위한 3자회담 제의(1984년 1월 10일)로 이어졌다. 특히 1990년대 들어와서는 북한은 그들의 핵협상 수단을 활용해서 보다 구체적이고 과감한 평화협정을 위한 대미 외교를 적극적으로 전개하였다. 외무부 대변인 담화(1996년 2월 22일)를 통해서 '대미 잠정협정'을 제의하였고, 1997년에도 '새로운 평화보장체계 수립을 위한 북미협상'을 제의(1997년 4월 28일)하고 나섰다. 북한은 핵실험을 거듭하면서 미국과의 평화협정 체결을 강권하는 적극적 외교 공세를 펼치고 있다. 미국도 한때는 귀에 솔깃해서 4차 핵실험 불과 며칠 전에 미·북한 평화협정에 관한 의견을 교환하기도 했었다.65)

결국 북한의 사실상 핵무장은 한국에 대한 군사적 핵 위협 뿐만이 아니라 한미동맹을 무산시키려는 북한의 강력한 도전에 직면해 있다 할 수 있다. 북한은 미국이 한반도 평화를 방해하는 주 요인이며 미국 또는 미국의 영향력이 제거되어야 한반도 평화가 달성될 수 있

65) 정영태, "북한이 요구하는 평화협정, 진정한 의도," <중앙일보>, 2016년 10월 7일. 북한이 생각하는 평화의 개념은 우리와 완전히 다르다. '김일성 저작집'에서는 "평화는 제국주의자들을 쓸어버리지 않고서는 진정한 평화에 대해 생각할 수 없다. 평화를 쟁취하기 위해서는...(중략)... 침략과 전쟁의 주된 세력인 미제국주의의 공격을 집중하여야 한다"고 함으로써 '미 제국주의에 대한 배격이 곧 평화'로 치부되고 있다.

다는 논리로 접근하고 있다. 북한은 미국과의 직접 협상을 통해 "평화협정 체결→유엔사 해체 및 한미동맹 관계 변화→주한미군의 기능과 역할 변화→주한미군 철수" 등의 순서로 목표를 달성하려는 북한 고유의 '한반도 평화 프로세스'를 설정하고 있는 것이다.[66)]

북한의 우방국인 중국도 북한의 이러한 주장에 적극 동조를 하고 있다. 중국은 북한과 더불어 오래전부터 미국과의 평화협정을 노려왔다. 최후 단계에서 남한 내 미군 철수 주장은 철회하면서도 핵동결과 평화체제 보장을 강조한다면 고립주의 압력이 심회되는 미국 또한 평화협정 조인에 응할 수밖에 없으리라는 계산을 하고 있다. 미·북간 평화협정이 체결되면 중국의 대 한반도 전략도 완성된다고 볼 수 있다.[67)] 남북 분단의 고착, 북한에 대한 중국의 영향역 지속, 일본 고립, 중국의 동아시아 유일 패권 달성이라는 시나리오일 것이다.

그렇기 때문에 북한의 핵동결과 NPT 복귀를 전제를 한 미·북 평화협정 체결은 사실상 미국이 한반도를 포기하는 길로 갈 수밖에 없도록 만드는 최악의 카드라 할 수 있다. 중국은 바로 이 카드를 미국측에 적극적으로 제시하고 있다. 2016년 2월말 왕이 외교부장이 존 케리 미 국무장관을 만났을 때 언급한 바 있으며 5월에도 미국과 중국간에 이러한 협의가 진지하게 논의되기도 했다.[68)] 물론 '선 핵 폐

---

66) ***Ibid.***

67) 도태우, "北·中은 평화협정 논할 자격도 없다," <조선일보>, 2016년 9월 30일

68) "북 핵동결·NPT 복귀 전제로... 중국, 미국에 평화협정 타진," <중앙일보>, 2016년 5월 29일. 최근 들어서도 리수용 북한 외무상이 "정전협정을 폐기하고 새 평화협정을 체결하자"(2015년 10월 1일)고 주장했고, 2016년 2월 21일에는 미국 월스트리트저널(WSJ)이 "지난 해 미·북 평화협정 논의위해 접촉했다"고 보도하자 외교부는 "평화협정 관련 미국의 입장은 변화가 없다"고 논평하기도 했다. 2월 23일에는 중국의 왕이 외교부장이 "비핵화와 평화협정 논의를 병행해야 한다"고 주장했

기'를 요구하는 미국이 중국의 제안을 수용하지는 않았지만 불씨는 아직도 남아있음을 간과해서는 안된다.[69)]

중요한 것은 평화협정 논의가 공식화되는 순간부터 한국 측이 구상하는 북한의 비핵화 정책이 뿌리 채 흔들릴 수 있다는 점이다. 당연히 북한에 대한 국제사회의 대북제재도 완전히 흔들리게 될 것이다. 이와 동시에 북한은 물론이고 북한을 등에 업은 중국의 평화공세가 강화될 것이다.

다행히 미국과 중국간의 평화협정 진전을 김정은 스스로가 막고 있다는 점이다. 김정은은 지난 2016년 5월 9일 막을 내린 7차 당대회 당시 핵보유국 선언을 했다. 북한의 비핵화를 유도하고자 하는 미국의 의도를 완전히 짓뭉개버린 것이다. 여기에 북한의 5차 핵실험은 평화협정 논의 자체를 완전히 봉쇄하는 요인이 되었다. 결국 미국은

고 이에 미국의 존 케리 국무장관은 "북한이 비핵화 협상을 하면 평화협정도 가능하다"고 응답했다. 5월 2일 뉴욕타임즈는 "북한이 평화협정 대화 제의시 미국은 응해야 한다"고 주장했고 5월 4일 제임스 클래퍼 미국 국가정보국장은 "한국에 평화협정 관련 입장을 문의하고 있다"고 밝히기도 했다. 한미정상회담이 열리기 직전인 10월 7일에는 북한은 외무성 담화를 통해 "우리가 보낸 평화협정 체결 메시지에 응하라"고 요구했고, 정상회담 직후인 10월 17일에는 역시 외무성 담화를 통해 "미국은 평화협정 문제 회피말고 옳은 선택하라"고 위협하기도 했다. 2016년 들어서도 4차 핵실험 직후에 조선중앙통신 논평을 통해 "평화협정 요구를 외면한 미국에 대응하기 위해 수소탄 실험을 단행했다"고 밝혔고 2월 13일에는 노동신문에서 "조선반도(한반도)에 평화가 보장되려면 미국이 우리와 평화협정을 맺어야 한다"고 주장하기도 했다.

69) 문제는 우리 사회의 일부도 북한의 기대에 적극 호응하고 있다는 점이다. 미국의 대표적인 싱크탱크인 전략국제문제연구소(CSIS) 일본 석좌인 마이클 그린(Michael Green) 조지타운대 교수가 워싱턴의 한 세미나에서 '예상과는 달리' "한국측 일부 발언자들이 중국의 주장을 상기시켰다"며 놀라워했을 정도이다. 이는 "핵은 기정사실화하고 평화협정만 뺏자"는 북한의 주장에 동조하는 것이나 다름없다 할 것이다. 김희상, "미 · 북 평화협정이 파놓은 함정," <조선일보>, 2016년 5월 17일

비핵화를 전제로 한 북한의 핵동결이라는 전제가 달성되지 않으면 당분간 평화협정 논의를 거부할 것으로 보인다.

결국 북한이 핵 위기 조성을 하는 근본적 이유가 미국 본토를 공격할 수 있는 능력을 과시함으로써 "미국 본토가 핵 공격 위협을 받는데 그를 무릅쓰고 서울을 보호할 필요가 있는가?"라는 명제를 미국민들에게 선포함으로써 우선적으로 미국과 북한간 평화협상 테이블로 나서게 하는데 목적이 있다 할 것이다.[70]

만약 북한의 의도대로 미·북간 평화협정이 체결된다면 우선 1950년부터 주둔한 UN군사령부는 당연히 주둔의 명분을 잃게 될 것이고, 주한미군 역시 최소한 전투병력 철수 또는 전면 철수라는 결과를 낳게 될 것이다. 당연히 한·미동맹은 유명무실화 될 수밖에 없다. 그리고 평화협정으로 한번 철수한 주한미군은 다시 한국 재배치가 어려울 수밖에 없다는 현실성을 감안한다면 한국 입장으로는 최악의 상황에 직면할 수 있을 것이다.

미국 랜드연구소의 브루스 베넷 선임연구원도 바로 이 점을 지적한다.[71] 곧 "북한 수뇌부의 평화협정 요구는 평화를 추구하는 것이 아니라 주한미군의 주둔 근거를 무력화해 한미동맹을 와해시켜 미

---

70) 북한이 핵능력 향상과 함께 투발수단인 SLBM을 확보하여 최소 억제전력을 구비하게 되면 당연히 미국은 자국의 도시에 대해 북한이 핵 미사일 공격을 감행할 것이라는 위협을 의식하지 않을 수 없게 되고, 그렇게 되면 한국을 지원하는 것이 어려워질 수도 있다. 결국 이러한 상황이 전개되면 한미억제전략의 핵심인 '확장억제(extended deterrence)'를 실행하지 못할 가능성이 높아진다. 이렇게 되면 한미동맹의 견고성도 약화될 수밖에 없다.

71) "미 전문가, 미·북 평화협정, 오히려 전쟁환경 조성할 것," <VOA>, 2016년 5월 21일

군을 철수시키려는 의도"라고 하면서 "평화협정 체결을 통해 주한 미군이 철수하면 북한 정권은 수십년간 축적한 생화학무기와 핵무기를 앞세워 한국 점령을 시도할 수 있다"고 지적했다. 게다가 북한 정권이 정치 · 경제적으로 취약해져 있기 때문에 무력 침공만이 북한 주도의 통일을 이룰 수 있는 유일한 대안으로 보고 있다는 것이다. 결국 미 · 북간 평화협정 체결은 역설적으로 전쟁이 일어날 수 있는 상황을 조성할 수 있다고 강조하고 있다.[72] 이것이 핵 위기를 조성하는 북한의 궁극적 의도이다.

Ⅳ. 북한의 핵 위기 조성에 따른 국제사회와 중국, 미국의 입장

1. 국제사회의 입장

북한이 핵실험이나 미사일 도발 등을 할 때마다 국제사회는 대북제재라는 칼로 북한을 압박해 왔다. 대북제재는 이미 그 강도를 더해 가면서 북한의 목을 죄고 있다. 1차 핵실험(2006년 10월 9일) 직후에는 무기와 사치품 등의 금수조치가 UN안보리 결의 1718호로 내려졌다. 결의 채택 소요 시간은 단 5일이었다. 2차 핵실험(2009년 9월 25일) 때는 금융제재 강화와 선박 검색 강화, 무기 수출금지 등을 담

72) 북한의 김정은도 지난 2016년 5월의 7차 당대회에서 "미국은 정전협정을 평화협정으로 바꾸고 남조선에서 참략 군대와 전쟁 장비들을 모두 철수 시켜야 한다"고 말한 바 있다. 김정은은 특히 보고에서 한국내 혁명역량을 강화해 북한의 공산화 통일을 주도하는 내용을 담고 있는 "'조국통일 3대헌장'을 확실하게 틀어쥐고 가겠다"고 밝히기도 했다.

은 UN안보리 결의 1874호가 18일만에 통과되었고, 3차 핵실험(2013년 2월 12일) 때는 대량현금(Bulk Cash) 이전 금지, 선박 검색 의무화 등의 조치가 UN 안보리결의 2094호로 23일 만에 결의되었다. 4차 핵실험(2016년 1월 6일) 때도 광물수출금지(민생목적 제외), 전 화물 검색 의무화 등을 담은 안보리결의 2270호가 58일 만에 통과되었지만 북한은 이에 아랑곳하지 않고 9월 9일 5차 핵실험에 이르게 되었다.

북한에 대한 국제적인 제재 흐름은 안보리 대북제재 결의 2270호 이행보고서에도 잘 나타난다.[73] 제재 결의안이 채택된 후 유엔 회원국들은 안보리 결의의 국내적 이행을 위한 법적·제도적 정비를 통해 국제사회의 대북제재에 동참해 왔다. 심지어 북한의 전통적 우호국인 이집트, 라오스, 베트남, 우간다, 파키스탄, 불가리아, 헝가리 등도 대북제재에 동참하였다. 우선 일본이 가장 적극적이며 중국도 안보리 결의사항을 충실히 이행하고 있다는 점을 강조했다. 이외에도 아프리카의 우간다는 북한과의 군사협력 단절을 표명했고, 앙골라는 북한 선박의 입항금지 조치를 내리기도 했으며 싱가포르는 북한을 비자 면제 대상에서 제외했다. 베트남도 자국에 머물던 유엔의 제재 대상 외교관을 추방했고, 몽골 역시 '편의치적' 방식의 북한 선박 14척의 등록을 취소했다. 스위스도 자국내 북한은행 계좌 및 북한은행과의 거래를 차단하는 조치를 취하기도 했다. 한때 공산권이었던 폴란드도 북한 노동자에 대한 입국비자를 일절 발급하지 않고 있

---

73) 신종호, "안보리 대북제재 결의 2270호 이행보고서 평가," ***Online Series*** CO 16-22 (통일연구원, 2016년 9월 5일), 1.

을 정도이다. 루마니아와 불가리아, 체코 등도 북한 해외 노동자들에 대한 전면 귀국 조치를 취하기도 했다.[74)]

이렇듯 국제사회의 대 북한 시각은 차갑기 그지 없다. 북한의 국적 항공사인 고려항공도 이젠 중국과 러시아 외에는 취항하지 못하고 있다. 결국 북한의 추가 도발을 방지하고 비핵화를 달성하기 위해서는 대북제재가 엄격하고 효과적으로 이루어져야 한다는 점에 대해서는 국제사회가 동의하고 있다고 볼 수 있을 것이다.

2. 중국의 입장

이러한 국제적인 흐름에도 불구하고 북한에 주는 압박은 생각보다 크지는 않은 것으로 보인다. 대북제재라는 칼은 이미 무딘 상태가 되어 북한에게 큰 위협이 되지 못하고 있음을 목도하고 있다. 북한의 우방국인 중국의 태도 역시 북한이 큰 소리를 칠 수 있는 뒷심이 되고 있다.

이에 "김정은 맞춤제재가 필요하다"고도 하지만 정말로 그러한 대북제재가 이루어질 수 있을지는 의문시된다. UN을 중심으로 국제사회가 예외조항 삭제 등을 통해 현재의 대북제재 조치 강화 가능성은 있지만 중국의 미온적 반응으로 효과는 크지 않을 것으로 보기 때문이다.

대북제재의 핵심은 북한의 광물수출 금지에 대한 예외조항(민생목적) 삭제, 북한의 해외 노동자 파견 규제, 북한과 거래하는 제3국

---

74) "北 돈줄죄기에 동참한 폴란드, 인권실태 조사도... 확산 주목," <문화일보>, 2016년 6월 7일

기관 · 기업도 제재하는 2차 제재(secondary boycott) 적용 여부 등이다. 그러나 중국은 UN의 새로운 대북제재안은 지지한다는 입장이나 김정은 체제를 흔들 정도의 강도 높은 제재는 반대한다는 입장이어서 효과는 크지 않을 가능성이 높다 할 것이다.[75]

사실 중국의 대외전략 기조는 개혁 · 개방 이후 줄곧 '경제발전을 위한 평화롭고 안정적인 주변 환경 조성'에 초점이 맞춰져 있었다. 그러나 시진핑 주석이 등장하면서 '평화발전(平和發展)' 외에 '핵심이익(核心利益, core interest) 수호'가 추가됐다. 기존의 평화전략은 계속 유지해 가면서도 이젠 중국의 정당한 권익을 방기하지 않겠다, 또는 중국에 의해 정의된 중국의 핵심이익을 희생할 수 없다는 강경한 입장이 천명된 것이다.[76] 당연히 대 한반도 정책도 영향력 유지 및 확대정책에 기반을 둔다. 여기에 기존의 '한반도 3원칙'[77]도 중국의 애매모호한 태도를 유지하는 근간이 된다. 또 하나, 미국과의 관계가 한반도 정책을 좌지우지하기도 한다. 미국과 중국간에 경쟁관계가 심화될수록 한반도 정책은 중국의 핵심이익을 강화하는 쪽으로 흘러간다. 왜냐하면 한반도 문제를 미 · 중관계의 하부구조로 인식하기 때문이다. 이것이 한국을 당혹스럽게까지 만드는 요인이 된다. 이런 연고로 중국이 대북제재에 동참하고 한반도 비핵화를 강력

---

75) 이해정 · 정용화, ***op.cit.,*** 6.

76) 신종호, "중국은 왜 북핵 반대하면서도 대북제재엔 소극적인가," <중앙일보>, 2016년 10월 11일

77) 한반도의 평화와 안정 유지, 한반도의 비핵화 실현, 대화와 협상을 통한 문제 해결이 그것이다.

하게 외치지만 그렇다고 북한의 생존에 영향을 미치는 제재는 회피하는 결과로 나타나고 있는 것이다.

그러나 북한의 2016년 1월 4차 핵실험에 연이은 9월의 5차 핵실험은 중국 당국을 난처한 입장에 빠져들게 만들면서 중국 수뇌부의 대북 인식을 바꾸고 있다. 특별히 5차 핵실험은 한반도 안전 뿐 아니라 중국의 안전도 위협하는 중차대한 문제라는 인식을 중국이 하기 시작했다. 핵실험을 사실상 완결시키는 의미를 갖는 5차 핵실험은 중국 수뇌부에도 상당한 충격을 가져다주었다.[78] 군사적 입장에서 본다면 북한의 5차 핵실험은 북한이 협상의 주도권을 가질 수 있는 패가 될 수 있다. 이 주도권은 미국을 향한 것만이 아니라 중국을 향해서도 동일하게 적용된다. 그만큼 중요하다는 것이다. 이 점에 대해서는 중국도 적극 동의한다.

사실 시진핑은 북한의 4차 핵실험을 '한계선(bottom line)'으로 제한하겠다는 의지를 갖고 있었는데 5차 핵실험까지 강행했으니 중국의 인내심도 한계에 다다른 것으로 보인다. '한계선'이란 중국이 북한에 대해 설정한 허용치를 의미한다.[79]

---

78) 북한 핵실험의 주요 목표는 소형화이다. 북한 외무성도 성명을 통해 '새로운 형태의 핵실험'을 언급한 바 있다. 미국의 대표적 북핵 전문가인 데이비드 올브라이트(David Albright) 미국 과학국제안보연구소(ISIS) 소장은 북한이 4차 핵실험을 강행할 경우 무기급 플루토늄과 우라늄을 혼합한 실험을 할 가능성이 크다고 내다봤다. "풍계리 실험장 빨라진 움직임… 북핵 4차실험 다가왔나," <아시아경제>, 2015년 12월 26일

79) 2013년 12월 장성택 처형 이후 시진핑은 '장성택 사망 이후의 북한 전망 보고서'를 6개 부서의 수장을 불러 작성하게 했다. 2014년 1월 초, 당 정치국 상무위원회에 제출된 보고서는 제1부 '장성택 사망 이후 김정은 체제의 전망', 2부 '장성택 사망

더 큰 문제는 북한이 5차 핵실험을 넘어 또다시 6차 핵실험도 필요하면 얼마든지 강행할 가능성이 높다는 점이다. 김정은이 결코 핵을 포기하지 않을 것이기 때문이다. 김정은 정권의 입장에서 핵무기는 억제 수단과 협박 수단으로서 대체될 수 없는 기본적인 무기이다. 북한 정부는 세계의 정치사에 있어 핵무기를 포기한 사람이 카다피 밖에 없다는 것을 알고 있다. 그리고 카다피는 피살로 생을 마감하였다. 그것을 아는 김정은이 그 어떤 보상이나 압력 또한 무시할 것이다.[80] 이러한 점을 중국도 주목하고 있다.

또 하나의 변수가 있다. '중국의 핵심이익 추구'가 북한이 아닌 한국쪽으로 방향을 트는 결과를 가져올 수도 있다는 점이다. 중국 내부에서 일어나는 '원코리아(One Korea) 정책'[81]이 바로 그것이다. 무

이후의 남북관계(한반도) 전망', 3부 '중국이 취해야 할 대책'으로 구성되어 있는데 3부에서 이런 내용이 나온다. "2014년 이후의 북한에 대해 만반의 준비를 해야 한다. 우선 중국은 전력으로 북한의 4번째 핵실험을 저지해야 한다. 만일 북한이 4번째 핵실험을 강행한다면 우리도 상당히 위험해진다. 또한 그것은 우리의 요구대로 6자 회담에 복귀할 의사가 없어진다는 뜻이다. 그러므로 북한이 재차 핵실험을 강행한다면 우리는 김정은 정권과의 관계를 전면적으로 재검토해야 한다. 만일 북한이 한국을 공격해서 제2차 한국전쟁을 일으킨다 해도 우리는 과거와 같이 '항미원조'를 할 필요가 없다. 오히려 중국인민해방군 선양군구의 전군을 투입하여 북·중 국경을 방위해야 한다. 다만 평양이 위험에 처했다면 선양군구의 병력을 파견해서 반드시 한·미군보다 먼저 평양을 접수해야 한다. 수도와 핵·미사일 시설을 제압하여 미군이 북한 지역에 주둔하지 못하게 하는 것이 중요하다.", 곤도 다이스케(近藤大介), ***시진핑은 왜 김정은을 죽이려는가*** (서울: 한국경제신문, 2014), 147~148, 160~161. 북한의 4차 핵실험으로 중국은 북한에 대한 3대 원조(연간 50만 톤의 원유공급, 10만 톤의 식량 원조, 2,000만 달러 분의 비료 원조)에 대해 엄격하게 적용해 갈 것으로 보인다.

80) Andrei Lankov, "북한 경제의 최근 동향과 남북경제 협력 방안," ***2015 한반도통일 심포지엄*** (연합뉴스, 2015년 8월 13일), 47.

81) 중국이 한국과 수교하는 조건으로 내세운 것이 바로 'One China' 정책이었다. 그래

것이 중국의 핵심이익을 추구하는데 보탬이 되는가에 대한 중국 내부의 논쟁도 가열되고 있다. 특히 2017년 들어 시진핑 주석의 권한이 강화되고 경제를 통괄하던 리커창의 세력이 조정된다면 중국의 대 한반도 정책은 상당히 변화될 가능성이 있다. 특히 시진핑의 군부 통제가 강화된다면 군부세력의 친북정책도 약화될 수밖에 없고, 여기에 동북3성에 대한 시진핑의 장악이 강화된다면 북한 제재회피 지원 혐의를 받고 있는 훙샹(鴻祥)그룹같은 기업들도 위축될 수밖에 없다는 점에서 앞으로의 대 한반도 정책 변화도 기대할 수 있을 것이다.82)

3. 미국의 입장

그동안 전략적 인내 정책으로 사실상 한반도 문제를 국정의 주요 과제에서 제외해 왔던 미국 정부가 2015년 하반기 들어서면서 적극적 자세로 전환하고 있다는 점도 주요 변수이다. 특히 북한의 5차 핵실험 이후 미국 내 한반도 전문가들 역시 상당히 강한 태도로 북한을 압박해야 한다고 주장하고 있어 이러한 흐름이 미국의 대북 정책에

서 대만과의 수교를 포기했었다.

82) 한반도에 대한 영향력 유지 및 확대를 중시하는 중국 입장에서 현존 패권국 미국과의 전략 경쟁에 대비해 미국의 역내 영향력을 약화시키는 것이 중요하다. 이를 위해 중국은 그동안 남북한 모두와의 관계를 유지 또는 관리해 왔었다. 그러나 북한의 핵 도발은 미국의 역내 영향력을 오히려 강화시키는 부작용으로 나타나고 있고, 특히 한반도 내에서 미국과 중국간의 균형 또는 親中세력 강화를 도모하려는 중국의 의도를 벗어나는데 북한 핵이 큰 작용을 하고 있다. 이로 인해 시진핑 정부는 '북·중 관계의 조정'과 '한·중 관계의 발전' 수준과 단계를 재조정하려는 움직임을 보이고 있다. 곧 북한과의 정상국가화(혈맹이 아닌 보통국가화)를 통해 한국과의 관계 수준을 聯美和中에서 聯美協中을 넘어 聯美聯中으로 가는 것이 중국의 핵심이익에 부합하다는 의미이다.

어떠한 영향을 미칠지 관심을 끈다.

워싱턴의 민간 연구단체인 '포린 폴리스 이니셔티브(FPI)'는 '외교정책 2015'라는 보고서를 통해 북한의 대량살상무기(WMD) 개발과 확산, 인권 유린, 한국에 대한 위협, 사이버 공격, 내부 빈곤 문제 등을 거론하면서 이를 막기 위한 미국 정부의 정책은 실패했다고 지적했다. 이 보고서에서는 "미국 정부가 김정은 정권을 약화시키고 제거하기 위해 압박을 확대해야 한다"고 촉구하고 나섰다. 더불어 "중국의 지원이 평양의 문제 정권 생존에 핵심 역할을 하기 때문에 중국에 대한 미국의 압박도 필요하다"고 언급했다. 북한에 대한 압박의 방법으로 북한 정권의 해외 자산 동결, 중국에 대한 대북 지원 중단 압박, 북한의 재래식 무기와 탄도 미사일, 핵 기술 판매 반대, 대북방송 개선 등을 제시했다.[83)] 북한에 대한 강경한 노선들이 미국 사회의 주류를 이루고 있는 것이다.

대체적으로 미국사회의 주류는 북한이 미국의 핵심 이익에 심각한 위협이라고 생각하고 있다. 미국의 헤리티지재단이 펴낸 '2016 미국 군사력보고서'에서 밝힌 내용이다. 북한은 '위협 행동'에서 가장 심각한 '적대적(Hostile)', '위협 능력'에서는 두 번째로 심각한 '축적(Gathering)'의 점수를 받아 미국의 핵심이익에 가장 심각한 위협으로 평가됐다. 핵심 이익에 대한 위협에서 최악인 '심각하다

83) FPI, ***Foreign Policy 2015*** (Washington DC: the Foreign Policy Initiative(FPI), September 30, 2015), 41-42. FPI는 지난 2009년에 설립된 보수성향의 민간단체로 미국 정부에 핵무기, 인권, 민주주의 분야 등에 초점을 맞춰 다양한 정책적 제안을 하고 있다. 이 단체에는 에릭 에델만 전 국방부 정책차관과 밥 케이건 브루킹스연구소 선임연구원 등이 이사로 참여하고 있다.

(Severe)'는 평가를 받은 국가는 북한이 유일했다.[84] 그만큼 북한에 대해 우려스러운 눈으로 보고 있다는 증거이다.

2015년 말 미국외교협회(CFR: Council on Foreign Relations)가 펴낸 '미국 정부가 다뤄야 할 우선 과제'도 '북한 위기'를 4번째 우선 과제로 선택하였다. 이 협회의 '예방행동센터(CPA; Center for Preventive Action)'가 매년 말 6천여 명의 미국 정부 관리와 외교정책전문가, 학자 등을 대상으로 조사한 결과를 토대로 발표하는 '예방우선과제 2016(Preventive Priorities Survey: 2016)'에 따르면 '북한과의 또는 북한 내부의 심각한 위기'가 연 3년째 같은 순위로 지목된 것이다. 이 보고서에서 북한 위기는 미국의 국익에 대한 충격이 크지만 일어날 가능성은 중간 정도(moderate)인 것으로 평가했다.[85] 미국에서 북한 문제는 2017년 신정부 출범 이후에도 국가정책의 최우선 순위에 두어야 할 과제라는 지적인 것이다.

미국 내 한반도 관계자들은 이러한 흐름을 반영하듯 북한 문제에 미국이 더 강경해져야 한다고 주장한다. 2008년부터 2011년까지 주한미군사령관을 지냈던 월터 샤프(Walter L. Sharp)는 "북한 정권은 핵무기를 포기하지 않을 것"이라며 "북핵 문제를 해결하기 위해 북한 주민들에게 인권, 자유 등에 대한 정보를 전달하고 이를 통해 북한 내부로부터의 변화를 추동해 정권교체를 이루어야 한다"고 주장했다.[86] 김정은 정권 교체의 필요성을 정면으로 거론한 것이다.

---

84) Dakota L. Wood(ed), ***2016 Index of U.S. Military Strength*** (Washington D.C.: The Heritage Foundation, October 2015), 10~11.

85) Paul B. Stares, ***Preventive Priorities Survey: 2016*** (Council on Foreign Relations, December 2015), 2~6.

테런스 오쇼너시(Terrence J. O'Shaughnessy) 주한미군 부사령관 겸 미국 제7공군사령관도 "북한의 미숙한 지도자가 핵 개발 등 비대칭 전략 강화와 재래식 군사력의 결합을 이끌면서 한반도에 큰 위협이 되고 있다는 것이 미국 조야의 공통된 인식"이라고 말해 미국 지도부의 흐름을 읽을 수 있게 했다.[87)]

전반적으로 볼 때 북한의 핵무기 포기를 위해서는 북한 정권의 성격 변화가 필요하다는 것이 미국 정부의 판단인 것으로 보인다. 환경 변화는 정치범 수용소 철폐 등 온건적 변화부터 정권 교체와 같은 급진적 변화까지 다양하다.[88)]

특히 새롭게 출범하는 트럼프 신 정부도 북한과 협상할 가능성도 있지만 일단 협상보다 압박의 비중을 높여가게 될 것으로 예상된다.[89)] 압박의 방향은 지난 2015년 1월 22일, 오바마 대통령이 직접 밝힌 대로 북한붕괴가 될 가능성이 높다. 오바마 대통령은 "시간이 지나면 북한 정권이 무너지는 것을 보게 될 것"이라고까지 했다.[90)] 트럼프 신 정부도 오바마 정부를 이어 북한 김정은 정권의 붕괴를 추

---

86) "월터 샤프 前 주한미군사령관, 북 핵포기 안 해… 내부의 변혁 유도해야," <동아일보>, 2015년 7월 29일. 화정평화재단이 2015년 7월 28일 '한미동맹과 한반도 평화통일 위한 국제협력방안 컨퍼런스'에서 발언한 내용이다.

87) ***Ibid***

88) KOTRA, "2015년 상반기 북한 경제 · 정치 동향 전문가 의견," ***KOTRA 글로벌 윈도우*** (KOTRA, 2015년 6월 11일). KOTRA의 정기 보고서로 2015년 5월 29일 그레스 스칼라튜 북한인권위원회(HRNK) 사무총장 인터뷰 내용을 정리했다.

89) "한반도정책 변화예고, 미세조정이냐 급격변화냐," <연합뉴스>, 2016년 11월 7일

90) 오경섭, "오바마의 북한붕괴 발언과 미국의 대북정책," ***정세와 정책*** (세종연구소, 2015년 3월호), 1~4.

진할 것으로 보여 진다. 결국 미국의 대북 정책은 '변화된 정권(changed regime)'에서 '정권 교체(regime change)'로 변화하고 있음은 분명해 보인다. 북한의 5차 핵실험은 미국의 이러한 결단에 불을 붙이는 계기가 되었다.

사실상 북한에 대한 미국 정부의 정책인 '전략적 인내(strategic patience)'는 이미 폐기되었다. 성 김(Sung Kim) 미국 국무부 대북정책특별대표가 지난 2015년 10월 20일 미국 상원 외교위원회의 청문회에 출석해 "북한에 대해서는 전략적 인내보다는 억지와 외교, 압박 등 3개 수단을 동시에 사용하고 있다"며 "이는 북한이 핵무기를 추구하면서 동시에 안보와 번영을 성취할 수 없다는 점을 분명히 하기 위해서"라고 강조한데서도 알 수 있다.[91] 사실상 대북정책에 변화가 생겼음을 밝힌 것이다.

2015년 10월 7일, 미국 상원 외교위원회 청문회에서도 조지 부시(George Bush) 행정부 시절 초대 대북인권특사를 지낸 제이 레프코위츠(jay Lefkowwitz)도 종합적인 대북정책의 필요성을 강조하며 북한 정권의 붕괴와 한반도 통일 가능성에 대비해야 한다고 말해 관심을 끌었다. 그는 이어 "스탈린주의 정권은 무너지게 되어 있다. 우리가 정권을 교체하지 않더라도 시간의 문제일 뿐 결국은 내부로부터 무너지게 되어 있다"고 지적하면서 한국 정부와 급변 사태에 대해 논의를 해야 한다고 강조했다.[92]

---

91) "성김, 전략적 인내, 대북정책 아니다," <동아일보>, 2015년 10월 21일
92) "미 전직 관리들, 전략적 인내 실패… 종합적 대북정책 필요," <VOA Korea>, 2015년 10월 9일

이러한 흐름을 증명이라도 하듯이 북한의 5차 핵실험 이후 미국은 각국 정부에 대북 외교·경제관계 단절 및 격하를 요구하고 중국의 기업들과 북한 고려항공에 대한 조사에 착수했다. 미국의 조치들은 북한의 핵 위협이 전략적 인내의 임계점을 넘어섰다는 판단에 따른 것이다. 특히 외교·경제관계 차단까지 나선 것은 미국의 대북정책이 사실상 김정은 정권의 고사(枯死)작전으로 진입하고 있음을 의미한다.[93)]

여기에 2016년의 미국 대통령선거에서 트럼프의 당선은 미국의 입장을 더욱 강경하게 만들 것으로 보인다. 트럼프는 외교·안보 분야에 문외한이라 상당부분을 외교·안보 보좌진들의 의견을 들어 결정하게 될 것으로 보인다.

중요한 것은 트럼프를 둘러싼 외교·안보 담당자나 주변 인물들 상당수가 대북강경파라는 점이다.[94)] 우선 백악관 국가안보보좌관 내정된 '마이클 플린(Lieutenant General. Michael T. Flynn)' 전 국방정보국(DIA, Defense Intelligence Agency) 국장만 해도 북한을 극단주의 이슬람 테러조직과 동맹관계라면서 미국과 이스라엘에 증오를 품은 국가 중 하나로 지목한 바도 있고, 북한 김정은 체제를 더 이상 존속시켜서는 안된다고 주장해 오기도 했다.[95)] 플린은 지난 10월 21

---

93) "美 '北고사작전' 전방위 압박... 최후 군사카드만 남겨놨다," <문화일보>, 2016년 9월 29일

94) "'공격론서 정권교체론까지'…美국무장관 후보들은 대북강경파," <연합뉴스>, 2016년 11월 13일

95) "트럼프 국가안보보좌관·CIA 국장, 김정은 제거하자!," <뉴데일리>, 2016년 11월 19일. 지난 10월 일본 방문중 일본 니혼게이자이신문과의 인터뷰에서 "북한 김정

일 한국 특파원을 만나 "북한은 50년 전보다 훨씬 위험하다. (북한) 핵능력을 제거하는 노력을 하고 싶다"고 말하기도 했는데, 플린이 오바마 행정부에서 국방정보국(DIA) 국장으로 북한의 핵·미사일 개발 실태를 들여다보면서 이미 "협상은 어렵다"고 생각을 굳혔기 때문으로 보인다. 대선 기간 내내 트럼프의 핵심 안보정책 자문이었던 플린의 기용은 백악관과 국무부를 오가던 외교·안보 정책 집행의 추가 트럼프 행정부에서는 완전히 백악관으로 쏠릴 것으로 전망되고 있다.

중앙정보국(CIA) 국장으로 내정된 '마이크 폼페오(Mike Pompeo)' 하원의원은 지난 2016년 1월 라디오방송 '라스 라슨쇼'에 출연해 "미국은 더 이상의 유엔 대북제재 결의가 없다고 선포해야 한다"면서 "실제 북한의 도발을 막는데 유용하지도, 생산적이지도 않고 무의미한 유엔 대북제재를 중단하라"고 주장했다. 그는 "북핵 문제를 해결하려면 미국은 경제력과 군사력을 총동원해야 한다"는 강성 주장을 펼치며 이를 통해 북한을 국제무역 시스템에서 완전히 퇴출 시키고, 북한 김정은 체제에 숨통을 틔워주는 중국 공산당을 더욱 강력하게 압박해야 한다고 지적하기도 했다. 또한 실제병력을 투입하지 말고 레이저 무기나 음파 무기, EMP 무기 등을 통해 원격으로 북한의 핵무기 개발 프로그램을 타격해 퇴화시켜야 한다는 주장도 편 적이 있을 정도로 대북 문제에 관해서는 강경파다.[96)]

은 체제를 존속시켜서는 안된다"면서 "김정은과는 경제적 거래를 할 생각이 없으며, 중국 공산당은 북한 문제에 책임감을 느껴야 한다"고 주장한 바 있다. 또한 지난 7월 펴낸 책 '전쟁터(The Field of Night)'에서 북한이 이슬람 테러조직과 제휴하고 있는 '테러지원조직'이라고 지목하기도 했다.

더불어 트럼프를 둘러싼 핵심인물들, 한때 대북 공격론까지 거론했던 깅리치(Newt Gingrich) 전 의장, 부시 행정부 시절 '네오콘'(신보수주의자)의 핵심인물 중 하나였던 볼턴(John Bolton) 전 대사,[97] 대북제재 강화를 주장했던 밥 코커(Bob Corker) 위원장,[98] 한국 주도의 '흡수통일'이 북한 위협을 종식시키는 길이라고 주장한 하스(Richard Haas) 회장[99], 국방장관 후보로 거론되는 제임스 매티스(James N. Mattis) 등도 한결같이 대북 강경론자 들이다.

트럼프 역시 북한에 대해 강경한 입장을 가지고 있다. 트럼프는 대

96) "트럼프 국가안보보좌관 · CIA 국장, 김정은 제거하자!," <뉴데일리>, 2016년 11월 19일

97) 볼턴은 오바마 행정부의 대북 기조인 '전략적 인내' 정책과 북한과의 대화 시도를 지속적으로 비판해왔다. 그는 2011년 1월 4일자 월스트리트저널(WSJ) 기고문에서 "북한과의 대화를 재개하는 것은 나약함과 우유부단함을 드러내게 될 뿐"이라고 주장했고 같은 해 9월 시사잡지 '내셔널 리뷰' 기고문에서는 "오바마 대통령의 이른바 '전략적 인내' 정책이 결과적으로 북한의 우라늄농축과 탄도미사일 개발 등을 용인하는 결과를 초래했다"고 주장하기도 했다. 또 2013년 2월 20일자 WSJ 기고문에서 북한의 핵위협에 대처하는 가장 확실한 대안은 "현재의 북한 정권을 핵을 포기할 정권으로 교체하는 것"이라면서 "이런 목적은 한반도의 평화적인 통일을 통해 달성할 수 있다"고 말한바 있다. "'공격론서 정권교체론까지'…美국무장관 후보들은 대북강경파," <연합뉴스>, 2016년 11월 13일; "깅리치 · 볼턴 · 플린… '북한은 악의 축' 인식 공유," <조선일보>, 2016년 11월 11일

98) 밥 코커 상원 외교위원장은 볼턴이나 깅리치에 비해 균형 잡힌 인물로 평가되지만 대북 강경파인 것은 마찬가지다. 코커 위원장은 지난 2월 CNN에 김정은 정권을 "깡패 정권(rogue regime)"으로 표현하고 북한의 핵 · 미사일 개발과 인권 침해를 해결하기 위해 제재 · 압박을 가해야 한다고 주장했다. "깅리치 · 볼턴 · 플린… '북한은 악의 축' 인식 공유," <조선일보>, 2016년 11월 11일

99) 리처드 하스 미국 외교협회(CFR) 회장은 2014년 WSJ 기고문에서 북한의 핵 · 미사일 · 사이버 위협에 대해 "이런 도전에 걸맞은 유일한 접근법은 북한의 존재를 끝내고 한반도를 통일시키는 것"이라며 "북한의 종말(demise)은 두려워할 만한 일이 아니라고 중국을 설득해야 한다"고 했다. "깅리치 · 볼턴 · 플린… '북한은 악의 축' 인식 공유," <조선일보>, 2016년 11월 11일

선 유세 중 김정은에 대해 "미치광이"(2016년 1월, 아이오와)→"김정은이 미국에 오면 햄버거 먹으면서 핵 협상할 수 있다"(6월, 애틀랜타)→"미치광이가 핵무기를 보유하고 있다"(9월, 캘리포니아)고 언급한 바 있다. 심지어 지난 2월 미 CBS방송에서는 "중국이 어떤 형태로든 김정은을 빨리 사라지게 하도록 만들겠다"고 말하기도 해 충격을 주었는데, 그는 김정은과 핵 협상을 한다고 해도 북한이 핵무기를 포기할 가능성은 10%나 20%라며 큰 기대를 걸지 않는다고도 한 바 있어 대북정책의 방향을 짐작케 한다.

이러한 트럼프 행정부의 진용을 살펴볼 때, 마이클 플린 국가안보보좌관이 향후 트럼프 정부에서 미국의 안보전략을 총괄조정하고 지휘할 것이라는 점, 마이크 폼페오 는 미국의 모든 비밀공작에 관여하는 CIA를 지휘하게 될 것이라는 점, 그리고 이들이 북한, 이란, 베네수엘라, 중국, 러시아와 이슬람 테러조직 간의 커넥션에 주목하고 있다는 점 등을 고려할 때 트럼프 정부의 대북 전략은 '대화'보다는 전방위적 압박과 함께 세계 각국에서 외화벌이를 하거나 정보수집을 하고 있는 김정은 집단의 손과 발부터 소리없이 잘라놓고, 한 걸음 씩 목줄을 죄어가는 형태가 될 가능성이 높다는 뜻이다.[100)]

100) "트럼프 국가안보보좌관 · CIA 국장, 김정은 제거하자!," <뉴데일리>, 2016년 11월 19일.

V. 북한 핵 위협과 한미의 대응

1. 미국의 대응

북한 핵 위협에 대한 주도권은 어차피 미국에게 있다. 한국은 수동적 대응만이 있을 뿐이다. 특별히 45대 대통령으로 당선된 트럼프 행정부가 대북정책을 어떻게 끌어 갈 것인가에 따라 한국정부의 대응도 달라질 것이다.

우선 미국 트럼프 정부의 북한 핵과 미사일에 대한 접근 방식을 다음의 6가지로 정리할 수 있을 것이다.

o 시나리오 1: 김정은에 대한 핵 협상 제안
  *검토 가능한 안이나 중국의 적극적 협조를 전제로 함
  *김정은 정권 유지를 전제로 함
  *[시나리오] 초고강도 대북제재 압박→북・미간 직접 접촉→핵 협상 제안→양자 또는 6자회담 진행→핵포기 선언 및 경제제재 해제
o 시나리오 2: 6차 핵실험・장거리 미사일 발사 실험시
  *미국 정권 교체기에 북한이 6차 핵실험이나 미사일 도발시
  *미・북간 대화없이 직접적 외과 수술식 타격. 이 경우 중국 동의 필요
  *[시나리오] 6차 핵실험 및 미사일 발사 실험 강행→북한 도발에 대한 강력한 핵 포기 촉구 경고→북한의 핵포기 거부→→대북

군사행동→핵 · 미사일 시설 타격

o 시나리오 3: 강력한 대북제재를 통한 북한 정권교체

*미 · 중간 적극 협력을 전제로 함

*중국을 배려한 최상의 시나리오로 김정은 이후 정권의 선택권을 중국에 위임하여 평화체제 구축하는 방식임

*[시나리오] 초고강도 대북제재 시행→북한 정권 존망 위기→김정은 제거 後 親中 지도자 옹립→6자회담 복귀→북한 새 정권의 핵 포기 선언→IAEA 복귀→북핵 제거 및 사찰→경제제재 해제→남 · 북간 평화체제 구축

o 시나리오 4: 강력한 선제타격[101] 후 북한 새 정권 수립

*트럼프 정권 출범 후 미 · 북간 대화했으나 결렬을 전제

*미 · 중간 대북제어 방식에도 이견 도출로 강력한 대북제재 불발

*북한 핵 · 미사일 도발 및 핵 · 미사일의 실전 배치 최종 확인을 전제

*[시나리오] 초고강도 대북제재 실패→북한 핵 · 미사일 도발→북한 핵 · 미사일 실전배치 최종 단계 확인→미국 주도하에 한국 · 일본 · 영국 · 호주 등 연합군 합동 선제타격(전면적 형식의 타격)→WMD 제거 확인→북한 민주적 새 정권 수립 지원→

---

101) 북한 핵에 대한 선제타격의 성공이란 "북한의 핵을 완전히 비핵화 시키고+북한의 반격의지 · 능력을 철저히 차단해 미국이나 한국이 절대적인 피해가 없음"을 의미한다. 미국은 국가적인 재앙을 가만히 앉아서 맞이하는 나라가 아니다. 2001년 9 · 11테러를 당한 이후 미국은 종전까지 '억제+보복' 차원의 전쟁 교리를 '억제+선제타격+보복+예방적 조치' 차원의 교리로 바꿨다. 적의 위협이 미국에 확실한 위협이라고 인지하는 경우 그 위협이 현실적인 재앙이 되기 이전에 반드시 타격. 제거한다는 것이다. 이것이 소위 부시-럼스펠드 독트린이다. 송대성, "선제타격의 성공 조건," <미래한국>, 2016년 11월 10일

남 · 북한 일시적 연방제→통일 정부 수립

o 시나리오 5: 오바마 행정부의 정책 유지

*실현 가능성 거의 없음

*북한이 이러한 시나리오에 동의 불가능 판단

*[시나리오] 전략적 인내→중국을 통한 압박 및 국제사회 제재 →북한 선 핵포기 의사 확인 후 6자회담 재개→북한 핵포기

o 시나리오 6: 적극적 관여 정책

*트럼프 정권 출범 후 미 · 북간 대화를 통해 사실상 북핵 인정

*현 상태에서 핵 동결, IAEA 사찰 후 점차적 폐기 선언 전제

*한국과 일본, 미국 의회 반대 예상하나 중국이 가장 원하는 정책

*사실상 가능성 없음

*[시나리오] 중국 중재로 미 · 북간 협상→북한 핵 · 미사일 현 상태에서 동결 및 IAEA 복귀 선언→북한에 대한 경제 제재 해제 및 경제발전 자금 지원→미 · 북간 평화협정 체결 및 주한미군 최소화 또는 철수

이러한 시나리오 중에서 미국은 과연 어떤 선택을 할까? 특별히 새롭게 출범하는 트럼프 행정부는 어떤 방식으로 북한 핵과 미사일 문제를 풀어갈까? 분명한 것은 오바마 정부의 전략적 인내 전략은 실패했다고 보기 때문에 트럼프 정부는 새로운 접근법을 시도할 것이라는 점이다. 이런 측면에서 본다면 <시나리오 5> 방식은 일단 제외된다.

트럼프 정부는 일단 북한과의 대화를 시도하게 될 것으로 보인다.

아무리 대북강경파가 득세한다 할지라도 결코 '도조 히데키(東條英機) 옵션'[102]은 선택하지 않을 것이다. 설사 북한이 트럼프 대통령 취임 직전이나 직후에 핵실험이나 미사일 발사 시험으로 도발을 한다 할지라도 곧바로 선제타격 등의 카드를 쓰지는 않을 것이라는 점이다.[103] 일단 대화를 시도해 본 다음 결렬되었을 때, 대화 시도 자체가 그 다음 카드의 명분이 될 수 있기 때문이다. 물론 <시나리오 2>의 방식을 선택할 수도 있을 것이나 이는 남한지역에 상당한 피해를 줄 수도 있고, 결국 전면전 상황으로 흐를 수 있기 때문에 차악(次惡)의 선택이라 할 수 있다.

미국은 전쟁 중에도 협상을 한다는 원칙이 있고, 특히 트럼프 행정부가 막 출범하는 시점이기 때문에 당연히 북한과 대화를 시도할 것이다. 북한도 미국과의 대화를 간절하게 원하고 있다. 북한이 트럼프와의 대화 라인을 아직 찾지 못해 안달이 나 있기는 하지만 러시아를 통해서라도 반드시 대화의 줄을 찾게 될 것이다.

북한은 당연히 미국이 자국을 핵보유국으로 인정한 상태에서 미·북간에 평화협정과 군축 협상을 하자는 의도일 것이다. 더불어

---

102) 도조 히데키(東條英機)는 일본의 군국주의자로, 진주만의 미국함대기지를 기습 공격해 태평양전쟁을 일으켰다. '도조 히데끼 옵션'이란 선전포고도 없이 기습적으로 공격하는 방식을 말한다.

103) 사실 트럼프 정부에 있어서 북한 핵 문제는 최우선의 이슈가 아니다. 이런 이유로 북한은 우선순위를 끌어올리기 위해 의도적으로 도발할 가능성도 충분히 있다. 그래야 미국도 북한 문제에 관심을 갖고 대화의 문을 열 수 있다고 생각하기 때문이다. 송민순, "세계 질서 손 놓으려는 미국, 그리고 한국의 길," 미국 트럼프 신 행정부 등장과 한국의 외교·안보 및 남북관계 전망(경남대학교 극동문제연구소, 2016년 11월 22일), 7~12. 송민순 전 외교부장관의 기조발제에서 발언한 내용이다.

자신들이 대화의 장으로 나올 수 있는 명분도 달라고 요구할 것으로 보인다. 그동안 미국에 대해 적대시 정책을 펼쳐 왔으며 엄격한 경제 제재에도 핵과 미사일 개발에 광분해 왔던 김정은 체제가 미국과 대화를 할 때는 그만한 명분이 있어야 하기 때문이다. 그러한 사정을 알고 있는 중국이 그래서 비핵화와 평화협정 체제 동시 논의를 주장하고 있는 것이다.

반면 미국의 대북 정책 기조는 '선(先)비핵화, 후(後)평화협정 논의'이다. 존 케리 미국 국무장관도 지난 2016년 10월 19일 한・미 외교・국방장관(2+2) 회의 후 기자회견에서 미・북 대화 재개 요건을 북한의 비핵화라고 재확인한 바 있다.[104)]

리퍼트(Mark Lippert) 주한 미국대사도 이 점을 분명히 했다. "정권교체가 우리의 정책이 아니며(Our policy is not a regime change), 제재는 그 자체가 목적이 아니라 (비핵화를 위한) 수단(Sanctions aren't an end to themselves. They are the means to it)"이라면서 "엄격한 외교(through disciplined diplomacy)를 통해" 이러한 목적달성이 가능할 것이며, "궁극적으로는 그것이 동북아의 평화와 번영을 추구하는 최선의 길"이라고 밝힌 바 있다.[105)]

문제는 북한이다. 북한 당국은 미국으로부터 이미 신뢰를 상실했

104) "美일각서 대화재개론… 中은 '비핵화-평화협정 병행' 강조," <동아일보>, 2016년 10월 24일

105) "리퍼트, 北 비핵화 최우선 순위... 강력한 제재 이행에 초점," <연합뉴스>, 2016년 3월 13일; "U.S. Amb. says N.K. denuclearization is top U.S. priority," <Yonhap News>, March 13, 2016

다. 그동안 노출된 김정은의 게임플랜을 보면 북한의 속셈을 금방 읽을 수 있다. 곧 김정은은 장기적 체제 생존 및 공고화를 위해 핵·경제 병진 정책을 가동 중이며, 이에 따라 실전 배치된 중단거리 미사일에 더해 ICBM급 탄도미사일과 핵탄두 소형화에 박차를 가하고, 국내적으로 '시장화'를 용인하며 경화(硬貨) 획득을 위한 노력을 배가하겠다는 전략이다. 만일 핵실험과 미사일 시험발사로 국제적 제재가 감당할 수 없을 정도가 되면 일시적으로 '전술적' 대화에 응하여 경제적 반대급부를 받아낼 수 있으나, 위기가 어느정도 해소되면 또다시 핵실험과 미사일 시험발사를 하여 핵탄두 ICBM을 완성하겠다는 의지이다. 완성직후 대외적으로 '핵실험·위성발사 모라토리움'을 선언하고 비핵화를 위한 대화와 협상에 '기만적으로 응하며 경제발전과 체제 공고화에 매진한다는 것이 전략의 본질이다.[106] 이러한 속셈을 미국은 이미 간파했기 때문에 북한과 핵 포기에 근거한

---

106) 김성한, "미국 대선과 한반도," ***IIRI Working Paper Series*** No. 33 (일민국제관계연구원, 2016년 10월), 6. 김정은은 지난 2016년 9월 13일 5차 핵실험 성공과 관련된 당 중앙군사위원회 비공개 확대회의에서 "우리가 핵 강국을 건설하려는 것은 통일된 강토에서 인민들에게 사회주의 부귀영화를 마음껏 누리도록 하려는 것이다. 2017년까지 5대 핵 타격력을 완성하여 미국에게 핵 세례를 안기든지, 아니면 남조선에서 물러가라고 최후통첩을 하면 미 행정부도 우리가 핵을 포기하는 대가로 주한미군 철수에 응할 수밖에 없을 것이다. 또 핵을 포기하는 대신 우리는 미국과 관련국들에 500억 달러의 보상을 요구할 것이다. 그것이면 우리는 모든 공업과 과학기술에 투자하여 세계적인 부흥국가로 '단번도약'을 할 수 있다. 우리가 핵을 포기한다고 해서 핵과 미사일 과학자들의 머릿속에 있는 지식까지 지워질 수는 없으며 언젠가 미국이 약속을 지키지 않고 우리를 위협한다면 그 때엔 다시 뚝딱 만들면 되는 것이다. 이런 방향에서 미국과의 핵협상을 이제부터 시작하도록 한다"고 발언한 바 있다. NK지식인연대, "김정은, 당 중앙 군사위에서 "주한미군이 철수하고 500억을 보상하면 핵과 바꿀것 언급," ***2016년 11월 클로즈업 북한*** (NK지식인연대, 2016년 11월 2일)

협상이나 대화를 할 경우 모두 실패할 것이라고 경고하고 있는 것이다.[107)]

그렇기에 트럼프 정부는 '전략적 인내'같은 선언적 의미의 타협은 결코 하지 않을 것이다. 설사 대화의 시작이 핵포기를 전제로 하지 않는 핵실험과 미사일 개발 중단 같은 연성(軟性) 이슈로 시작한다 할지라도 트럼프 정부는 초 고강도의 검증(verification)을 반드시 내세우게 될 것이다.

트럼프는 평소에 이란 핵 협상을 총체적인 실패라고 규정하면서 "이란이 협상에 나서도록 만든 제재를 2배, 3배로 강화해야 한다"고 주장해 왔었다. 이 같은 트럼프의 인식은 북한 핵 협상에도 그대로 적용될 것으로 보인다. 트럼프는 자서전(불구가 된 미국 · Crippled America)에서 "믿는다 하지만 입증하라"는 문구를 핵 협상의 원칙으로 내세웠었다. 트럼프는 구소련을 붕괴로 이끈 로널드 레이건 전 대통령의 대외정책을 모델로 삼겠다는 의지를 가지고 있다. 레이건 전 대통령은 미하일 고르바초프 소련 서기장과의 군축협상에서 이 같은 문구로 군축협상에 임했었다. 따라서 미국이 우여곡절 끝에 북한과 핵 협상에 들어가게 된다 할지라도 트럼프는 1978년 12월 미 · 소간에 체결된 중거리 핵미사일 폐기 조약(INF)을 협상의 교과서로 삼을 것으로 전망된다. 당시 미국은 소련을 압박해 기초사찰 · 폐기

107) "페리 前 미 국무장관, 북핵 포기 전제로 한 협상 모두 실패할 것," <국민일보>, 2016년 11월 16일. 이 발언은 지난 2016년 10월 15일 세종연구소와 스탠퍼드대 아태연구소가 공동주최한 "미 신행정부의 대외정책 · 동아시아 정책과 한반도" 심포지엄 기조연설에서 나온 것이다.

사찰 · 폐쇄사찰 · 불시사찰 · 상주감시까지도 관철시켰었다. 물론 북한과의 핵 협상은 군축협상 형식으로 진행되지는 않겠지만 트럼프는 북한에 완전한 핵 폐기 검증을 요구할 것으로 관측된다.[108)]

문제는 철저한 검증을 회피하고 싶은 북한과의 대화 결렬 이후이다. 트럼프 정권은 북한이 핵무기를 포기할 의사가 없다고 판단되면 매우 강경한 노선으로 전환할 가능성이 높다.[109)] 이 경우 미국이 선택할 수 있는 전략 방향이 제재강화(Intensified Sanctions)와 선제공격(Preemption)이다.

그동안의 대북제재와는 차원이 다른 제재 강화(Intensified Sanctions)는 그동안 본격적 시행을 보류해 왔던 2차 제재(Secondary Boycott)를 포함한 것으로 중국도 동의하지 않을 수 없게 만들 것이다. 왜냐하면 이 제재 자체가 북한에 대한 사실상의 선전포고이고 더불어 중국에 대한 경고이기 때문이다. 북한 김정은 정권에 대한 사실상의 마지막 카드로 시행하는 제재에 대해 중국의 비협조로 제대로 작동하지 않는다면 미국의 북한에 대한 선제공격의 명분을 줄 수 있고, 북한과 거래하는 중국 기업과 은행들에 대해서도 2차 제재를 가함으로 인해 중국에 당장 불이익이 돌아오는 것은 물론이고 자칫 한

---

108) "선언성 협상은 없다"… 對北 '초고강도 검증' 압박 가능성," <문화일보>, 2016년 11월 10일

109) "김정은과 '햄버거 대화' 안통하면 선제 폭격카드 만질수도," <조선일보>, 2016년 11월 11일. "끝까지 이긴다"는 사업 마인드를 가진 트럼프가 협상이 통하지 않는 상대에게 취할 행동인데, "북한이 핵무기를 포기할 의지가 아예 없다는 것을 알게 된다면 (트럼프 행정부는) 갑자기 더욱 강경한 노선으로 바꿀 가능성이 크다"고 할 수 있다.

반도의 안정을 해칠 수도 있기 때문이다. 또 하나의 판단 기준은 트럼프 정부가 들어서면서 앞으로 미·중간에 해결해야 할 난제들이 많은데 북한 문제로 인해 미·중간의 관계를 파국으로 이끄는 것을 중국도 원하지 않을 것이기 때문이다.[110]

이러한 상황이 도래한다면 중국도 선택을 할 수밖에 없다. 그럼에도 불구하고 북한을 껴안고 미국과 최고 수준의 갈등 국면으로 들어갈 것인가, 아니면 제3의 방법을 선택할 것인가 하는 점이다. 그 방식이 바로 <시나리오 1>과 <시나리오 3>이다. 그 중에서 <시나리오 1>은 북한 김정은 정권의 생존 자체가 불가능하다고 판단되어 스스로 손을 들고 나오는 상황이기 때문에 사실상 가능성이 아주 떨어지는 시나리오이다. 그 대안으로 등장하는 것이 바로 <시나리오 3>이다. 이 방식은 미·중간 합의만 될 수 있다면 남·북간 큰 비극 없이 가장 평화로운 방식으로 한반도 문제를 해결할 수 있는 방식이 될 것이다. 반면 <시나리오 4>는 결국 중국이 현실적 선택을 회피하면서 그럼에도 북한을 지지할 때 선택하게 되는 안이다. 이 방식은 자칫 미·중 충돌로 갈수도 있고 미국 주도 연합군의 북한 진입시 중국군의 개입도 일어날 수 있어서 미국이나 중국 모두 별로 내키지 않는 시나리오일 것이다.

이러한 관점에서 미국의 대북 접근방식을 결정하는 중요한 키를 중국이 가지고 있다고 봐야 할 것이다. 곧 중국이 선택하는 대북제재의 강도에 따라 미국의 실제적 '예방타격'인 '선제타격'의 강행 여부

---

110) 이렇게 중국이 강력한 대북제재를 할수만 있다면 생존에 위협을 느낀 북한이 협상테이블로 나오게 될 것이고, 이를 통해 핵개발 계획을 동결하고 사찰을 허용하며 2005년 합의에 따라 비핵화를 할 수 있게 될 것으로 예상할 수 있다.

가 결정될 것으로 보이기 때문이다. 중국의 적극적인 북한 봉쇄 협조로 사실상의 김정은 정권의 붕괴로 이어지고 이로 인한 핵 포기 또는 정권 교체가 이루어진다면 그 사태로 마무리되겠지만 중국의 뒷문을 열어놓은 대북제재가 지속되어 북한이 또 다른 핵실험이나 미사일 발사 등의 도발이 이어진다면 결국 미국은 선제타격이라는 카드를 사용할 수밖에 없을 것이다. 결국 북한지역에 대한 선제타격의 여부는 중국의 태도에 달려있다는 것이 미국의 확고한 태도라 볼 수 있다.[111)]

한편 <시나리오 6>은 관여(Engagement) 정책인데, 북한이 가장 원하는 안으로, 나쁜 행동에도 보상을 해 주고 북한을 사실상 핵 보유국으로 인정하는 것이기 때문에[112)] "Make America Great Again"을 슬로건으로 내세웠던 트럼프에게는 어울리지 않는 방식이며 미국의 자존심의 측면에서도 허락할 수 없는 접근법이라 할 것이다.

정리하자면 현 상황에 대한 미국의 대응 방안은 크게 두 가지로 귀결된다. 우선 북한정권의 붕괴 내지는 근본적인 변화를 유도하여 북한 핵 문제를 해결하자는 흐름이 있는데 이러한 흐름이 주류(main stream)를 이루고 있다. 그러나 다른 일각에서는 비핵화를 평화협정

---

111) 추부길, "북한 급변사태 가능성과 한반도 정세," ***동아시아 국제세미나: 동아시아 국제질서 변동과 한반도통일*** (건양대 산학협력단, 한국현대사학회, 2016년 9월 30일), 23~24.

112) 켄 가우스(Kenneth Gause), "미국 신 행정부와 남북관계, 북핵문제; A New U.S. government, Inter-Korea Relations, and the North-Korean Nuclear Issue," ***미국 새 행정부 출범과 한반도 평화통일 세미나; A New US Adminstration and the Peaceful Unification of Korea*** (대통령 직속 통일준비위원회, 2016년 11월 11일), 14~15.

논의의 선조건(precondition)에서 논의의 일부(a part)로 재포장(repacking)하여 북한을 대화의 장으로 우선 불러내자는 흐름도 있다. 이러한 두 갈래의 기류가 아주 상반된 방향으로 흐르고 있는 것이 아닐 수 있고, 같은 방향으로 투 트랙(two track)을 형성하여 흘러가는 것도 가능할 것이다.[113)]

문제는 후자의 흐름이 중국의 요구에 따른 것으로 소위 '미 · 중 빅딜설'의 일환으로 진행되고 있다는 점과 그동안 여러 차례의 미 · 북 협상이 모두 북한의 돌변으로 실패했다는 전례를 볼 때 현실로 진전되기는 어려울 것으로 판단된다. 특히 북한의 5차 핵실험 이후의 기류는 더욱 그러하다. 그것은 북한의 김정은이 핵을 포기할 의사가 조금이라도 있다면 협상의 물꼬를 틀 수 있을 것이나 현 상황에서의 핵동결을 전제로 한 대미협상은 더 이상 진전될 수 없는 카드이기 때문에 그러하다. 결국 이러한 플랜 비(Plan B)는 북핵의 고착화로 귀결된다는 점에서 그 힘은 거의 사라지고 있다고 볼 수 있다.

물론 변형된 정책도 있다. '해머(Hammer)와 스테이크(Stake)론'이 그것이다. '당근과 채찍'의 틀에서 '전략적 인내'의 단계를 지나 '해머와 스테이크'론으로 진화할 수도 있다는 것이다. 이 분석에 의하면 미국은 역대 최강의 대북제재, 사드, 참수작전 등의 군사훈련으로 북한을 해머로 내리치고, 동시에 비핵화 조건을 완화한 평화협정의 스테이크를 보여 주면서 북한을 협상장으로 불러오려는 전략이다. 이러한 병행론은 투 트랙으로 동시에 진행될 수도 있다. 그러나

113) 김재천, "4차 북한 핵실험과 전략적 인내의 종언: 미국의 대북정책 변화 분석," *통일정책연구* 제25권 1호 2016 (통일연구원, 2016년 6월 30일), 3.

문제는 북한의 김정은이 이러한 병행론을 수용하지 않을 가능성이 높다는 데 있다.114)

김정은의 목표는 결코 비핵화가 아니다. 현재 상태의 동결을 기반으로 핵 보유를 사실화하고 이를 토대로 미국과의 평화협상을 진행하겠다는 것이다. 그래서 김정은은 주한미군의 철수와 합동군사훈련의 중단 등을 '핵 포기의 조건'이 아닌 '핵실험 중지의 조건'으로 요구하고 있는 것이다. 북한은 그러한 속내를 지난 2016년 2월의 미・북 접촉에서 여실히 드러낸 바 있다.115)

결국 미국이 대화와 협상을 통해 비핵화를 달성하지 못한다면 궁극적으로 김정은 정권 교체 또는 군사적 행동을 통한 북한 정권 붕괴의 방식으로 갈 수밖에 없다. 이러한 흐름은 미국 정부의 대북업무 핵심 당국자로부터도 뒷받침된다. 대니얼 러셀(Daniel Russel) 미국 국무부 동아시아・태평양 차관보는 지난 2016년 10월 12일의 기자간담회에서 "아마도 (북한이) 핵 공격을 수행할 향상된 능력을 가질 수 있겠지만, (김정은 북한 노동당 위원장은) 그러고 나면 바로 죽는다"는 상당히 과격한 표현을 한 바 있다. 이 발언은 유사시 북한 핵시설과 핵심 지도부를 겨냥한 선제타격을 복선에 깔고 있다고 분석될 수도 있다. 마이클 멀린(Michael Mullen) 전 합참의장도 지난 2016

114) ***Ibid.,*** 9, 17~18.

115) 북한은 한・미합동군사훈련을 중단하면 핵실험을 1년간 유예할 수 있다고 미국에 제안한 바 있다. "Pyonyang was prepared to stop testing nuclear weapons for a year. In exchange, the US and South Korea would have to suspend their annual joint military exercises," <Newsweek>, March 31. 2016

년 10월 16일의 한 토론회에서 "만약 북한이 미국을 공격할 수 있는 능력에 아주 근접하고 미국을 위협한다면 자위적 측면에서 북한을 선제타격할 수 있다고 본다"고 밝히기도 했다. 주한미군사령관을 지낸 월터 샤프(Walter L. Sharp)도 "미국이나 동맹국이 표적이 됐다는 분명한 증거가 있고, 북한이 미국을 공격할 역량과 의지가 있다는 심증이 있다면 선제타격이 보장되어야 한다"는 입장을 밝히기도 했다.[116] 결국 외교의 공간이 사라진 그 절망감이 북한에 대한 군사행동을 통한 정권교체(regime change)로 표출되고 있다고 봐야 할 것이다.

결국 트럼프의 공화당 정부도 북한의 핵과 미사일 역량을 더 이상 협상용이 아니라 실제로 미국을 공격할 타격용으로 보고 대비해야 하는 상황에 이르렀기 때문에 외형적으로는 투 트랙으로 가되 김정은 정권 교체에 무게 추를 둔 강력한 대북정책을 펼치게 될 것으로 보인다.

북한의 핵개발을 중지시키지 못할 때, 그 핵이 미국 본토를 겨냥하고 실효에 있어 위협적인 존재가 되었을 때, 미국은 '행동'을 결심할 수밖에 없다. 특히 미국 국민들이 북핵을 위협적인 존재로, 곧 미국 본토까지 공격할 수 있는 위험한 수준으로 보기 시작하면 미국 행정부와 군부의 인식도 결국 그 평가를 뒤쫓아 갈 수밖에 없기 때문이다.[117]

---

116) "美 당국자들 대북발언 점점 강경해 져... 선제타격 염두에 뒀나," <연합뉴스>, 2016년 10월 14일

117) 김종회, "미국이 북핵에 선제적 행동을 취한다면," <중앙선데이>, 2016년 10월

2. 한국의 대응

북핵 위협의 고도화는 한국이 운신할 수 있는 폭을 대폭 줄이고 있다. 미・중간의 균형외교도 이미 균형추를 상실하게 만들었다. 특별히 박근혜 정부의 레임덕 현상은 더더욱 미국 드라이브의 대북정책에 기댈 수밖에 없게 만들고 있다. 이러한 상황을 북한은 즐기고 있고 철저하게 통미봉남(通美封南)의 차원을 넘어선 한국 무시, 미・북간의 양자 해결 방식으로 북한이 원하는 방식의 해결책을 찾으려 하고 있다.

북한은 우선 한국에 대해 2014년 1월 16일 '중대 제안'에서 제시했던 의제를 중심으로 트집을 잡을 것으로 보인다. 즉, 한국이 세 가지 조치를 취해야 한다는 것이다. 군사훈련 중단, 비방 중상 중단, 북한과 핵 재난방지 협의 개시 등이 그것이다. 여기서 특히 핵 재난 방지를 거론하는 것은 핵무기 사용을 위협한 것으로 해석될 수 있다. 앞으로 북한은 한국과 다종다양한 긴장상황을 유발하고 다양한 방식의 핵능력 및 미사일 능력 증강의 과시와 노출을 만들어 낼 것이다. 이러한 도발과 위협을 통해 한국과 미국이 북한을 핵 보유국으로 인정하는 새로운 관계를 개시할 것을 강압할 것이다.[118] 물론 북한 뜻대로 협상이 흘러가지는 않을 것이지만 이러한 엄중한 상황에서 한국은 어떤 선택을 하여야 할까? 한국이 북한의 위협 대상이 되고 북한이 미국과의 직접 협상을 추구할 경우 한국은 어떻게 대응해야

30일

118) 박형중, "김정은 정권의 핵 및 대남 정책 방향 진단," ***전략연구*** 통권 제63호 (한국전략문제연구소, 2014년 7월), 157~158

할까?

안보 문제는 항상 최악의 상황을 상정하고 준비를 해야 한다는 점에서 북한의 핵 위협이 고도화되었을 때, 미국사회의 고립주의와 실용주의적 경향, '미국 우선주의(America First)'의 역작용으로 북한과 직접 협상하여 핵 위기를 극복하고자하는 움직임을 부추길 가능성을 염두에 두어야 한다. 물론 그러한 상황이 연출되지 않도록 하여야 하지만 국제정치란 언제 어떻게 상황이 변할지 아무도 모른다는 점에서 한국정부는 다양한 검토를 해야 한다.

문제는 한국이 선택할 카드가 별로 없다는 데 있다. 한국은 북핵 위협의 직접 당사자이면서도 이니셔티브를 쥘 힘도, 카드도 없다. 단지 미국의 종속변수로서의 역할이 더 크기 때문이다. 북핵이 고도화되어 미국조차도 통제하기 힘든 상황이 온다면 그때 한국의 선택은 사실상 전혀 없다 해도 과언이 아니다. '한반도 비핵화'는 이미 사라진 카드이다. 이제는 '핵을 가진 북한'에 대해 어떻게 대처해 가야 할 것인가를 고민해야할 시점에 이르렀다. 우리의 안보와 대북 패러다임의 전면 수정이 필요하다는 것이다.

그동안 한반도 비핵화를 이루기 위해 수많은 시도들이 있어 왔지만 사실상 북한의 핵 고도화만 가져왔지 성공한 것은 하나도 없었다. 9 · 19 공동성명에서 천명된 것처럼 남북한과 미국, 중국, 일본, 러시아가 6자회담을 재개해 협상을 통한 한반도 비핵화와 평화체제 구축을 실현하는 방안은 이미 벽에 부딪쳤다. 사실상 그 방안을 포기한지도 오래다.[119] 또 하나, 한국이 현재처럼 미국의 핵우산에 의존하면서 대북제재와 압박을 통해 북한의 핵 포기를 이끌어내는 방안도 쉽지 않다는 것이 이미 입증되었다. 우선 북한 자체가 제재에 익숙한 체제이기도 하지만 배후의 중국, 특히 동북3성의 군부와 북한정권의 밀착이 대북제재 질서를 무너뜨리고 있기 때문이다. 그렇다고 미국의 전술핵무기를 한국에 재배치하여 대북 억지력을 확보하는 방안도 쉽지가 않다. 떡 줄 사람이 생각도 하고 있지 않기 때문이다.[120] 그렇다면 어떻게 해야 할까?

가정이기는 하지만 만약 미국의 국내 여론으로 말미암아 북한과의 '비핵화를 전제로 한 현재상태의 핵동결'과 '평화협정 체결' 카드가 성사된다면 한국의 미래는 한 치앞도 내다볼 수 없는 국면으로 빠져들게 될 것이다. '비핵화를 전제로 한 현재상태의 핵동결'이라면 얼마든지 수용할 수 있지 않는가라고 할 수 있겠지만 이제까지의 북한 태도와 행동을 보면 '비핵화를 전제로 한 현재상태의 핵동결' 카드는 평화협정을 체결하기 위한 술책일 뿐이고 북한의 의도대로 유

---

119) 이 방안은 미국과 한국이 6자회담의 재개조건으로 북한의 핵활동 동결과 국제원자력기구(IAEA) 사찰단 영변 복귀 등과 같은 비핵화 조치를 요구하고 있으나 북한은 이를 거부하고 있어 전혀 진전을 보이지 않고 있다. 특히 김정은의 북한은 핵을 포기할 의사가 전혀 없어 진전될 가능성은 희박하다.

120) 토비 돌턴 미국 카네기평화재단 핵정책 프로그램 국장은 지난 2016년 6월 14일 국립외교원이 한국핵정책학회와 공동으로 개최한 '한 · 미 핵정책 국제회의'에 참석해 한국내 전술핵 재배치에 대해 "가능성이 전혀 없다"면서 "그같은 무기는 더 이상 존재하지 않기 때문"이라고 일축했다. 사실 괌에서 한반도로 출격한 B-52나 B-2 스텔스폭격기 등의 미국 전략자산을 이용하여 원거리에서도 타격이 가능하기 때문에 굳이 전술핵을 배치할 필요는 없다고 본다. 문제는 핵우산에 대한 신뢰성이기 때문이다. "美 전문가, 한국서 핵무장 논의 이어지면 美에 정책 딜레마," <연합뉴스>, 2016년 6월 14일

엔사령부의 철수, 주한미군의 지위 변경 등의 조치가 현실화된다면 전제 조건은 얼마든지 변형될 수 있을 것이며 또 북한의 비핵화에 대한 태도 역시 얼마든지 돌변할 수 있기 때문이다. 이렇게 되면 당연히 미국의 핵우산에 대한 신뢰성도 무너질 수밖에 없다. 이때 한국은 어떻게 해야할 것인가? 선택의 여지가 없다. 북한이 요구하는 대로 끌려 다니거나 북한이 주도하는 통일 체제로 이끌려갈 수밖에 없을 것이다. 어느 선택을 하든지 결과는 북한 중심의 단일체제로 귀결된다.

이러한 최악의 상태를 막기 위해 한국은 북한에 대한 예방공격(사실상의 선제타격)을 요청하거나 미국이 북핵에 관련하여 선제타격 같은 결정을 하더라도 따를 수밖에 없다. 어떤 방법으로든 북한 핵의 실전배치를 막아야하기 때문이다. 만약 미국이 북한의 핵을 사실상 용인하는 결정을 하게 된다면 한국은 스스로 북핵 위협의 돌파구를 찾을 수밖에 없다. 민주주의 대한민국의 생존을 위해서 그러하다.

또한 북한이 소규모 핵공격을 해 왔을 때도 미국이 핵보복에 나서 줄 것인지에 대한 확신이 없거나 우리의 뜻과 다른 태도를 미국이 보여줄 가능성이 조금이라도 있다면 한국은 완전히 새로운 패러다임의 출구를 찾아야만 하는 것이다.[121)]

---

121) Patrick M. Cronin(2014), ***op. cit.,*** 19. 오바마 행정부에 큰 영향력을 행사했던 싱크탱크인 CNAS(Center for New American Security)의 크로닌 소장은 이 보고서에서 "한국은 북한이 핵무기를 사용하지 않을 것이고 미국의 확장억제(extended deterrence)가 북한의 핵공격을 억제할 것으로 보고 있지만 북한이 소규모 핵공격을 했을 때에도 미국이 핵보복에 나설 것인가에 대해서는 의문을 가질 수 있다"고 했다. 또한 "미국이 한국의 강력한 동맹국이지만 모든 시나리오를 대비해 보호해 줄 수는 없다. 좀 과장하자면 군비 삭감 여파로 우리는 한반도에서 떠나가고 있다"고 말하기도 했다.

그 방법이 바로 한국이 독자적 핵무장을 통해 북한에 대한 남한의 핵 우위를 실현하고 남북관계를 주도적으로 이끌어가는 방안이다.[122] 한국의 국방비는 2016년 38조 8천억 원, 2017년 40조 3천억 원 정도로 세계 국방비 순위 10위에 해당한다.[123] 이중 무기 도입에 사용한 금액은 2016년 11조 6398억 원, 2017년 12조 1590억 원 정도 된다.[124] 무기 수입금액으로는 세계 1위에 해당된다. 문제는 이러한 무기 수입이 북한의 핵보다는 재래식 무기에 대응하는 '고비용 저효율의 국방정책'에 쓰고 있다는 점이다. 북한과는 비교가 안될 정도의 국방비를 쓰면서도 비대칭 무기인 북한의 핵에 대해서는 대응을 하지 못하는 형국에 처해 있다.

북한이 핵무기 개발을 위해 투입한 비용은 2013년의 3차 핵실험 당시 최소 11억 달러(약 1조 3200억 원)에서 최대 15억 달러(1조 8천억 원)를 투입했을 것으로 추정했다. 그리고 2016년의 4차와 5차 핵실험 비용에다 투발 수단인 미사일 개발에 소요되는 비용 약 17억 달러를 합치면 모두 30억 달러(3조 3천억 원) 내외가 투입된 것으로 추정된다.[125] 북한이 핵개발을 위해 사용한 돈 모두 합쳐도 한국의 무

---

122) 정성장, "북한의 핵능력 고도화와 한국의 핵무장 · 남북대화 문제," ***정책브리핑*** 2016-24 (세종연구소, 2016년 9월 13일) 7~15.

123) "한국 국방비 세계 10위, 전쟁 수행능력 11위," <헤럴드 경제>, 2016년 8월 31일. '국방부'와 'The Military balance 2016'의 자료이다. 2015년을 기준으로 했을 때 한국의 국방비는 약 344억 달러로 세계 10위에 해당된다.

124) "내년 국방예산 40조원, 무기 도입비 12조원," <중앙일보>, 2016년 9월 7일. 2017년~2021년 국방중기계획의 소요예산은 226조 5천억원이고 이중 북한의 핵과 미사일에 대응하기 위한 비용(킬체인 5조 4천억 원, KAMD 2조 5천억 원)으로 7조 9천억 원을 배정했다.

125) "핵 · 미사일에 굶주린 주민 3년치 식량 날렸다," <중앙일보>, 2016년 11월 7일. 영변 핵연료 제조공장과 재처리시설, 5메가와트 원자로, 100메가와트 경수로, 평

기 도입 비용 1년치의 1/4 정도밖에 되지 않는다. 북한이 핵실험에 집착하는 것도 어차피 재래식 무기 경쟁으로는 한국을 따라올 수가 없기 때문이다. 그래서 비대칭 무기인 핵에, 그것도 재래식 무기에 비해 위력 대비 개발비가 매우 저렴한 핵개발에 전력을 투구하는 것이다. 중요한 것은 북한보다 비교가 안될 정도의 국방비를 쓰면서도 북한의 핵에 제대로 대응도 못하는 결과를 낳고 있다는 데 문제의 심각성이 있다.

그렇다면 한국도 이제 패러다임 대전환을 검토해 볼 필요가 있다. '고비용 저효율의 국방정책'에서 '저비용 고효율의 국방정책'으로 전환해 보는 것도 검토를 해 보자는 것이다. 다시 말해서 미국이 확장억지를 적극적이고 실천적으로 진행한다면 출구전략으로서의 새로운 패러다임이 필요 없지만 미국의 태도가 불확실하다면 한국은 독자적 핵능력 보유가 필요한 상황으로 내 몰리게 된다는 것이다.[126)]

산의 우라늄 정련공장 등 핵시설 건설에 6~7억 달러, 고농축우라늄(HEU) 추출위한 원심분리기 제작 등 농축시설 건설에 2~4억 달러 넘게 들어갔을 것으로 추정했다. 핵무기를 설계하고 제조한 뒤 실험하는 데는 1억 6천만~2억 3천만 달러 정도 소요된다.

126) 미국은 현재 한국에 대한 확장억지 공약을 제공하고 있다. 한반도에 전쟁이 발발하면 미국은 핵무기를 포함한 모든 수단을 동원해 한국을 방어한다는 공약이다. 문제는 확장억지가 법적 구속력이 없는 문자 그대로 '약속(commitment)'일 뿐이어서 유사시 미국의 개입이 자동적으로 보장되지 않는다는 데 있다. 한미상호방위조약은 유사시 자동개입이 보장된 북대서양조약과는 달리 "상호 협의후 자국의 헌법상의 절차에 따라" 개입여부를 결정하도록 규정하고 있기 때문이다. 한국은 인계철선이 그 자동개입 역할을 하고 있다. 그러나 주한미군이 평택 이남으로 배치된다면 그 인계철선도 의미가 없어진다. 임수호, "7차 당대회 이후 북한의 핵정책과 한반도 위기구조 전망," ***수은 북한경제*** 2016년 가을호 통권 50호 (한국수출입은행, 2016년 9월 30일), 50.

현재 한국은 북한이 가지고 있는 것으로 추정되는 핵무기의 수보다 200배가 넘는 수천 개의 핵무기를 만들 수 있는 핵물질과 북한보다 훨씬 앞선 핵 기술을 보유하고 있다. 핵분열 물질을 얻기 위해 우라늄 농축이나 사용후 핵연료 재처리 시설이 필요한데, 한국은 이미 사용후 핵연료의 형태로 수 톤의 플루토늄과 재처리시설을 가지고 있기 때문에 핵개발을 한다면 고농축 우라늄보다 핵탄두 소형화에 유리한 플루토늄을 선택하면 된다. 특히 월성 원전에 비축되어 있는 사용후 핵연료는 2만6천kg(2014년말 기준) 가량의 원자로급, 무기급 플루토늄을 제공할 수 있는데 이는 약4천330개의 핵폭탄을 제조할 수 있는 분량이다. 그뿐 아니라 핵 전문가인 토마스 코크란(Thomas Cochran)과 매튜 맥킨지(Matthew Mckinsey)가 2014년 10월 작성한 비공개 보고서에 의하면 한국이 월성원전의 4개 가압중수로(PHWR)에서 매년 416개의 핵폭탄을 만들 수 있는 준(準) 무기급 플루토늄 2천 5백 kg을 생산할 수 있다는 것이다. 그뿐 아니라 다목적 연구용 원자로인 '하나로(HANARO)도 매년 11kg의 무기급 플루토늄을 만들 수 있으며, 더불어 한국과 미국이 공동으로 연구 중인 '파이로 프로세싱(건식처리)' 기술은 핵분열 추출에 얼마든지 전용할 수 있다는 것이다. 핵폭탄을 터뜨리는 기폭장치에 필요한 '크라이트론'에 대한 기술적 접근도 이미 가능한 상태이고, 핵탄두 내 플루토늄 주변을 에워쌀 고성능 폭약 제조 능력도 세계적 수준이라고 밝혔다. 여기에 탄도·순항 미사일인 '현무' 시리즈, 공군 주력 전투기인 F-15, F-16 등 핵폭탄을 운반하는 최첨단 무기체계도 갖고 있기 때문에 핵개발과 사용에 전혀 무리가 없다고 말한다.[127)]

서울대 원자핵공학과 서균렬 교수도 '생존을 위한 핵무장국민연대' 출범식에서 한국은 이미 핵무기 도면과 3차원 도면을 가지고 있기 때문에 현재 보유중인 플루토늄만으로도 4천 500개의 핵무기를 만들 수 있다고 주장했다. 비용도 1조원이면 충분하고 1천명의 인력만 있으면 6개월 안에 수소폭탄을 만들 수 있고, 1년이면 원자폭탄을 만들 수 있다는 것이다. 또 6개월의 시간만 추가로 주어진다면 전술핵무기와 전략핵무기 개발도 가능하며 시뮬레이션으로 충분하기 때문에 북한처럼 핵실험을 할 필요도 없다고 덧붙였다.128)

이렇게 핵무장으로 가려면 우선 핵무장 준비선언을 해야 한다. 북한이 핵무기를 실전배치하는 상황이 되면 '우리도 핵무장을 하겠다'고 선언하는 방안이다. 핵무기 재료인 플루토늄을 생산하기 위한 재처리나 우라늄 농축은 하지 않더라도 사전 조치로 의지를 표명할 필요가 있다는 것이다. 이러한 준비선언은 우선 미국의 대북 정책을 강력하게 펼칠 수 있는 동기 부여도 될 수 있고 대북 경제제재에 실질적인 영향력이 있는 중국에 대해 강력한 경고효과도 있을 것이다. 더

---

127) Charles D. Ferguson, "How South Korea Could Acquire and Deploy Nuclear Weapons," ***If Japan and South Korea Go Nuclear: Two Military-Technical Scenarios,*** (NPEC; Nonproliferation Policy Education Center, May 13, 2015), 2~34. 찰스 퍼거슨 미국과학자협회(FAS) 회장이 비확산전문가그룹에서 발표한 "한국이 어떻게 핵무기를 획득하고 배치할 수 있는가?"라는 제목의 보고서는 그동안 잘 알려지지 않았던 한국의 핵무장 능력에 대해 상세하게 분석하고 있다.

128) "서균렬 교수, 핵무기 도면 갖고 있다. 6개월이면 수소폭탄 가능," <글로벌디펜스뉴스>, 2016년 9월 24일. 서교수는 북한처럼 원심분리기 2천대를 사용하는 것이 아니라 보유중인 첨단기술로 만들 수 있으며, 일본보다 플루토늄이 많기 때문에 일본도 한국의 핵개발을 두려워한다고 했다. 핵개발로 인해 제재조치가 가해질 것이고 이로 인해 원료수입이 끊어질 것을 염려하지만 우리가 보유중인 것으로도 3년은 가동할 수 있기 때문에 두려워할 필요가 없다고 주장했다.

불어 일본과 대만에도 영향을 주기 때문에 중국이 긴장하지 않을 수 없게 될 것이다.[129] 그러면서도 한국이 미국과의 동맹관계 약화로 인한 유리한 지역 안보구도 가능성도 있어 중국 입장에서는 일본과 대만의 핵무장만 아니라면 한국의 핵무장은 오히려 반길 수도 있을 것이다.

이와 함께 한국 정부는 이미 북한에 의해 사문화된 한반도비핵화공동선언[130]의 폐기를 공식 천명할 필요가 있다. 그리고 NPT 탈퇴의 순으로 가면된다. NPT 탈퇴는 본격적으로 핵무장으로 간다는 신호이기 때문에 핵기술과 핵물질 보유에 있어 한국보다 열세에 있는 북한으로서는 당혹해 할 수밖에 없을 것이다. 뿐만 아니라 한국이 핵무장을 하게 된다면 미국에 대한 군사 의존도가 상대적으로 줄어들게 되고, 미국은 한국방위에 대한 부담을 줄일 수 있게 되어 현재보다 오히려 호혜적인 한미동맹을 유지할 수도 있을 것이다.[131] 물론 對美 무기 도입비용은 대폭 줄어들기 때문에 미국 방산업체의 반발

---

129) 김민석, "핵무장하려면 NPT · 원자력협정 깨야... 미 · 중과 등질 우려," <중앙일보>, 2016년 10월 4일

130) 1992년 1월, 남북고위급회담에서 채택된 한반도비핵화공동선언은 제1항에서 "남과 북은 핵무기의 시험, 제조, 생산, 접수, 보유, 배비(配備), 사용을 하지 아니한다"고 규정되어 있고, 제3항에서는 "남과 북은 핵재처리시설과 우라늄 농축시설을 보유하지 아니한다"고 규정되어 있다.

131) 정성장(2016), ***op. cit.,*** 14. NPT 제10조 1항은 "각 당사국은 당사국의 주권을 행사함에 있어서 본 조약상의 문제에 관련되는 비상사태가 자국의 지상 이익을 위태롭게 하고 있음을 결정하는 경우에는 본 조약으로부터 탈퇴할 수 있는 권리를 가진다. 각 당사국은 동 탈퇴 통고를 3개월 전에 모든 조약 당사국과 유엔안전보장이사회에 행한다. 동 통고에는 동 국가의 지상 이익을 위태롭게 하고 있는 것으로 그 국가가 간주하는 비상사태에 관한 설명이 포함되어야 한다"고 규정되어 있다. 그렇기 때문에 북한의 핵무기 실전배치는 NPT 탈퇴의 합법적 근거가 될 수 있다.

은 심할 수 있을 것이다.

미국의 확장억지에 대한 신뢰도와 연관되어 논의가 시작된 한국의 독자 핵무장론에 대해 미국은 군사적 측면에서 핵무기가 한국이 생각하는 만큼 효용성이 높지 않으며 북핵문제 해결에 도움도 되지 않고 핵확산(동북아지역에서의 도미노)을 초래하는 부정적인 결과로 나타날 수 있다는 점에서 매우 부정적이다.[132)]

더불어 한국이 공식적으로 NPT를 탈퇴하고 핵무장을 추진하게 되면 단기적으로 정치・외교・군사・안보적인 측면에서 다양한 형태의 압박과 제재가 논의・도입・시행될 것이지만 한국이 세계 경제에 갖는 비중이나 미국을 비롯한 우방국들의 국익을 고려한다면 일정 시간이 지나면서 정상화의 길로 갈 가능성이 많을 것이다. 퍼거슨(2015)도 바로 이 점에 대해서는 동의를 하고 있다.

뭐니뭐니해도 가장 심각한 문제는 한・미동맹과 연합방위체계의 변화와 조정일 것이다. 우선 한국에의 핵우산은 철회될 것이고 한국군이 국토방위를 전적으로 책임지는 형태로 전환될 것이다.

여기서 반드시 검토하고 넘어가야 할 것은 한국의 핵보유가 최종 목적이 아니라는 점이다. 곧 한국의 핵무장은 비핵화를 위한 중간단계이며 북핵문제가 해결된다면 다시 핵을 포기하고 강력한 사찰과 검증을 통해 비핵화를 반드시 이루겠다는 의지를 국제적으로 천명해야 한다. 곧 핵무장→남북군축협상→핵・군사력 감축→비핵화・

---

132) 최강, "핵무장론 파장과 대응방안," *핵포럼 3차 세미나* (핵 해결을 위한 새누리당 의원 모임, 2016년 10월 12일), 1~5.

완벽한 핵군축 및 긴장완화라는 한국의 조건부·한시적 핵보유를 공표한다면 미국을 비롯한 국제사회의 압박으로부터 상당히 자유스러워질 수 있을 것이다.[133)]

Ⅵ. 북한 핵(核)으로 인한 급변사태 가능성

그렇다면 이러한 국제정치를 감안해 볼 때 북한급변사태는 가능성이 얼마나 있는 것일까? 우선 그동안 북한 급변 사태라는 용어는 '이솝우화의 양치기소년'이었다는 점을 지적하지 않을 수 없다. 당연히 북한 급변 사태라는 용어에 대한 신뢰성이 떨어질 수밖에 없었다. 그럼에도 최근 들어 북한급변사태 가능성이 크게 거론되는 이유는 그전에는 급변사태의 동인(動因)을 북한 정권의 내부적 문제에서 찾았다면 지금 상황은 외부의 추동에 의한 급변이라는 점 때문이다.

미국의 트럼프 정부가 북한과 대화로 문을 열겠지만 그동안의 북한 행태로 보면 결국 북한의 본심을 드러낼 수밖에 없고 미국과 한국 당국이 원하는 방식대로 흘러가지 않을 것이기에 선택은 마지막 국면으로 몰릴 수밖에 없다. 만약 북한이 김정은 정권의 생존에 대한 국제사회의 확약아래 핵포기 선언을 하게 된다면 가장 평화로운 방식으로 진전이 되겠지만 그 가능성은 별로 커 보이지 않는다.

결국 북한의 급변사태는 정권 교체(regime change) 또는 미국의 선제타격으로 인한 정부 전복(regime collapse)의 형태로 이루어질

---

133) ***Ibid.***

것으로 보인다. 물론 미 · 중간의 합의에 의해 북한 지도자의 교체, 곧 김정은 제거 후 새로운 지도자의 옹립 방식인 <시나리오 3>의 방식으로 정권이 교체되었을 때도 급변상황으로 보아야 할 것인가에 대한 판단은 남아있지만 어찌되었건 한국의 입장에서는 이 또한 급변의 분류로 상정하여야 할 것이다. 왜냐하면 '김정은 제거'라는 작전 자체가 언제든지 한반도를 전쟁 상황으로 몰고 갈수 있고 제거 후 상황이 어떻게 변할지 어느 누구도 예측할 수 없기 때문이다.

사실 2016년 7월의 한국내 사드 배치 결정으로부터 미국의 대 한반도 정책에 대한 결단은 이미 내려진 상태이며, 북한의 정권교체(regime change) 전략의 카운트다운은 벌써 시작되었다고 볼 수 있다. 미국은 북한에 대한 선제타격 성공을 위한 기습(sudden attack)의 필요성을 이미 언급한 바 있다.[134] 한국 정부 역시 이미 급변사태를 대비한 탈북촌 건설 등의 대비 작업에 착수하였다. 주한미군도 한국에 거주하는 미국 민간인을 주일(駐日) 미군 기지로 대피시키는 훈련을 2009년 이후 처음으로 실시하기도 했다.[135] 뿐만 아니라 지난 11월 4일부터 10일까지는 사상 처음으로 영국 공군이 한 · 미 공군과 함께하는 '무적의 방패(Invincible Shield)' 훈련이 실시되었는데, 이는 '다국적 연합공군'의 '국제사회 정의실현' 작전이 실현될 가능성을 보여주었다.[136] 뿐만 아니라 한 · 미 특수부대는 북한의 핵심시설

---

134) "北선제타격 질문에… 백악관, 미리 논의 않는다, 이례적 거론," <동아일보>, 2016년 9월 24일

135) "한국내 美민간인 7년만에 日대피 실전훈련," <조선일보>, 2016년 11월 8일

136) 한기홍, "[한기홍의 한반도 In & Out]英 공군이 한반도로 출격하는 까닭은," <동아

을 파괴하는 연합훈련을 실시하기도 했고,137) 김정은 참수작전 예행 연습까지 했다.138)

사실 미국이 선제타격 가능성을 거론하는 것 자체가 중국에 대한 강력한 대북제재 필요성을 압박하는 무기이다. 왜냐하면 가장 강력한 대북제재와 이에 대한 중국의 실행 여부가 미국의 선제타격 시기 결정에 변수가 될 수 있기 때문이다. 현재와 같이 중국의 느슨한 대북제재가 지속될 경우 결국 미국의 선제타격에 대한 명분을 제공하게 된다. 그런 점에서 본다면 최근 한반도에서 전개되었던 한・미간 레드 플래그를 비롯한 각종 합동훈련은 앞으로의 선제타격 강도를 보여주고 있다 할 것이다.

이러한 관점에서 지난 2016년 5월 미국의 안보 Think Tank인 스트랫포(Stratfor)가 펴낸 북한에 대한 정밀타격 작전 시나리오139)는 북한에 대한 선제타격이 얼마나 구체화되어 있는가를 보여주는 중요한 사례라 할 것이다. 외과수술식의 국소적 타격이 아닌 전면적 타

일보>, 2016년 10월 29일

137) "한・미 특수부대, 북 핵심시설 파괴 '티크 나이프'훈련," <중앙일보>, 2016년 10월 28일. 이번 훈련은 우리 육군과 미 공군의 특수부대가 합동으로 북한의 핵・미사일 기지를 포함한 핵심시설을 파괴하는 역량을 배양하는 데 초점이 맞춰졌다.

138) "한・미 특수부대, '김정은 참수작전' 예행연습 실시," <글로벌디펜스뉴스>, 2016년 11월 9일. 주한미군과 우리 군이 지난 11월 8일 개전 초기 평양의 통신시설들을 파괴하는 훈련을 실시하였는데, 이날 실시된 훈련은 한국군 특수부대원 250명이 전주와 홍천에서 이륙한 여러 대의 UH-60 '블랙호크' 수송기와 CH-47 치누크 헬기에 나누어 타고 코브라 헬기의 엄호 하에 평양으로 침투하여 북한군의 핵심 통신시설을 파괴하는 것이었다.

139) Stratfor, ***Removing the Nuclear Threat*** (STRATFOR, May 23, 2016)

격의 성격을 담은 'Removing the Nuclear Threat(북한 핵 위협 제거)'라는 제목으로 만들어진 이 보고서는 5개 부문으로 구성되어 있는데[140], 전반적으로 이 시나리오는 북한의 핵 개발 및 핵무기 능력을 무력화하기 위해 공격해야 할 주요 대상과 정밀 타격시 동원할 폭격기, 미사일, 유도폭탄, 북한의 보복 공격 시나리오와 예상되는 피해 규모 등을 다루고 있다는 점에서 관심을 끌었다.

중요한 것은 "북한이 대륙간탄도미사일(ICBM)이나 잠수함발사탄도미사일(SLBM) 등 미국 본토를 직접 타격할 수 있는 핵능력을 실전 배치하고 나면 군사적 옵션은 검토조차 불가능해진다"고 언급하고 있다는 점이다.

더불어 평양은 2016년 미국 대통령선거와 2017년 한국의 대선이라는 정치 일정 때문에 이 2년여 기간 동안 두 나라 모두 북한 핵 문제에 집중할 수 없다는 점을 북한이 이용하려하고 있다면서, 그 사이 핵 개발과 실전 배치를 완료하여 돌이킬 수 없는 수준으로 강화하겠다는 계산이 김정은의 생각이라고 지적한다. 그래서 북한이 발 빠르게 행동하고 있는 것이고 미국이 이에 적극 대응해야 한다는 점을 강조하고 있다.

이 보고서는 구체적으로 북한의 핵 개발 및 핵무기 능력 무력화 대상 공습 Target을 적시하고 있다. 그 첫 번째가 1985년 후반부터 개

140) 1부: Assessing the North Korean Hazard(북한의 위협에 대한 평가), 2부: Derailing a Nuclear Program by Force(북한 군부에 의한 핵 프로그램의 탈선), 3부: What the U.S. would use to strike North Korea(미국의 북한 타격 시나리오), 4부: How North Korea would retaliate(북한의 대응 또는 보복 방법 및 가능성), 5부: The Cost of Intervention

발된 영변핵시설로 평양 북쪽 80km지점에 위치해 있는데 5MWe 원자로, 태천의 200MWe 원자로 건설 현장 등 플루토늄 생산시설이 그 대상이다.[141]

황해북도 평산 우라늄 광산시설[142], 평남 평성연구소와 핵개발 시설[143], 이외에도 평북 박천 우라늄 농축 시설, 천마산 우라늄 농축 시설, 중국 접경에서 30km 떨어진 지점에 있는 용조리 우라늄 시설 및 미사일기지, 순천 및 박천 우라늄광산, 태촌 재처리시설, 풍계리 미사일 발사시설 등도 목표지에 포함되어 있다. 이뿐 아니라 3종류의 핵 운반체 관련 시설들도 대상이다.[144]

---

141) 북한 핵시설의 중심지역으로, ①1965년 소련에서 도입하여 핵기술 연구 토대를 제공하는 IRT-2000 연구용원자로, ②1976년 착공하여 1986년부터 가동을 개시했으며 2008년 불능화되었다가 2013년 재가동 선언을 했던 5MWe 흑연감속로 원자로, ③현재 건설중인 100MWe 실험용 경수로, ④1994년 건설이 중단된 50MWe/200MWe 원자력발전소, ⑤1985년 착공한 후 1989년 가동을 개시하여 사용후 핵연료 재처리시설인 방사화학실험실, ⑥원자로에 장착하는 핵연료봉을 제조하는 핵연료 제조공장, ⑦원심분리기로 천연 우라늄을 농축해 핵무기 원료가 되는 고농축 우라늄(HEU)을 만드는 시설인 우라늄 농축 시설 등이 영변의 주요 핵시설이다.

142) 평산 광산에서 채굴된 우라늄은 영변 핵시설의 5MW급 가스 흑연 원자로에 쓰일 연료로 사용되거나 농축 공정을 위해 육불화우라늄(UF6)으로 변형됐을 가능성이 있다. 평산 광산 등 우라늄 관련 설비를 파괴하면 북한이 추가 핵물질을 확보할 방법이 사라지게 될 것이다.

143) 1970년대부터 평양에서 26km 떨어진 이곳으로 이전해 왔다.

144) ①육상(Land-Based): 북한에는 100개 미만의 독사(KN-02)와 스커드 발사대, 50개 미만의 노동미사일 발사대, 또 BM25 무수단을 포함하는 50개 미만의 중장거리탄도미사일 발사대 등이 있다. 그리고 KN-08/ KN-14등의 대포동 미사일 등이 동창리와 무수단리에 배치되어 있다.
②공중(Air-Based): 자료상으로는 800여대의 전투기가 있기는 하나 큰 역할을 하지 못할 것으로 보이나, H-5 폭탄을 실어 나르는 80여대의 전투기는 실전배치가 가능할 것으로 분석된다.
③해상(Sea-Based): 신포급 디젤잠수함을 통해 KN- 11의 SLBM 발사를 시도하고 있다.

미국의 전략을 살펴볼 수 있는 내용은 이 보고서의 제3장에 담겨 있는데, 미국이 가장 먼저 동원할 전투 수단은 B-2 스텔스 폭격기 10대 이상과 F-22 스텔스 전투기 24대가 북핵 파괴 전력의 주축(backbone)이라고 밝히고 있다.[145)]

더불어 영변 핵 단지를 포함하여 앞서 언급했던 주요 군사시설 목표물들에 대해 폭격할 폭탄의 종류와 수량도 분석했는데, B-2 폭격기는 900kg급 GBU-31 정밀유도폭탄 16발 또는 이보다 훨씬 강력한 지하시설 파괴용 13,600kg급 GBU-57 벙커버스터(MOP) 2발을 탑재할 수 있다. 특히 GBU-57은 미국의 재래식 폭탄 중 파괴력이 가장 강력해 지하 60m까지 뚫을 수 있어 김정은 등의 수뇌부 지휘소까지 파괴가 가능할 것으로 평가된다.

F-22는 원래 공대공(空對空) 전투를 위주로 하는 스텔스 전투기여서 폭탄 탑재량은 450kg급 GBU-32 정밀 유도폭탄(JDAM) 2발에 불

---

④노동, 무수단, KN-08, KN-14 등 핵 장착을 시도해 온 것으로 보이는 주요 미사일 전력, 핵 투하가 가능한 H-5(IL-28의 중국산) 폭격기 등 공군 전력, 탄도미사일 발사가 가능한 잠수함을 건조중인 신포항 등 주요 투발 수단을 한꺼번에 파괴하는 것이 정밀타격 작전의 목표가 될 것이다.

145) B-2 스텔스 폭격기는 미국 본토에서 언제든 10대 이상을 한반도로 출격시킬 수 있지만, 작전 반경이 짧은 F-22는 사전에 주한 · 주일 미군 기지에 배치해 두어야 하는 한계가 있다는 점도 적고 있다. 북한과의 긴장이 고조될 때마다 미국 측이 F-22를 주일 · 주한 미군 기지에 전개시키는 데는 이러한 맥락이 깔려 있는 것이다. 한편, 미국은 7월 중순 미국 사우스캐롤라이나 주 매켄타이어 주방위군 공군기지의 제169전투비행단 소속 F-16 전투기 12대와 운용병력 300여명이 평택 오산 공군기지에 배속되는데, 이 전력은 미 태평양 공군사령부 예하 제179 원정 비행대대에 배속돼 향후 3~6개월간 한국 공군과 연합작전 능력을 점검하고, 북한의 도발 억지 임무를 수행하게 될 것이며, 주한 미 공군 전투기들과 한반도 유사시에 대비한 지형 숙달 및 북한의 주요 군사목표에 대한 모의 타격훈련을 실시하게 될 것이다. F-16 전투기는 주한 미 공군의 주력 전투기로 현재 3개 대대(60여대)가 배치돼 운용되고 있다.

과하지만 24대가 투입되므로 48발을 발사할 수 있고, B-2 폭격기 10대가 작전에 투입된다면 최대 10발의 GBU-57 벙커버스터(5대 기준)와 GBU-31폭탄(5대 기준 80발)을 북한의 목표물에 쏟아 부을 수 있을 것이다.146)

공군 전력이 핵시설을 주로 타격하는 동안 동해상에 이미 진입한 미 오하이오급 원자력 추진 잠수함 2~4척이 BGM-109 토마호크 순항(크루즈) 미사일 300여발을 발사해 북한의 미사일 기지와 공군 기지를 파괴할 것이다.147)

여기에 일본 요코스카를 모항(母港)으로 하는 7함대 소속 이지스함들이 합세한다면 발사 가능한 순항 미사일의 수는 600발까지 늘어날 수 있는데 이는 북한 급변사태를 대비한 '작전계획 5015'에서 계획하고 있는 합동요격지점(JDPI, Joint Designated Point of Impact) 700여개 지역에 대한 충분한 포격이 가능할 것으로 보인다.148)

---

146) 지난 2016년 6월 17일, 미국은 B-52 전력폭격기 2대를 한반도 가까이, 그것도 북한 레이더 탐지거리 내인 동해 공해상까지 일부로 보내 북한 폭격 훈련을 실시한 바도 있는데, 이 훈련에는 일본 오키나와의 미 3 해병원정대, 오산의 미 공군 607 항공지원단이 참여하였다. 6월의 훈련은 B-52가 지하벙커와 핵 · 미사일 기지 같은 북한 핵심 시설을 폭격하고, 미 공군의 지상공격기 A-10이 공습하면 미 3해병 원정대가 진격하는 시나리오로 진행되었다.

147) 미국 해군의 핵추진 잠수함인 오하이오함(SSGN- 726, 1만8750t)은 세계 최대로 1981년에 취역했으며 길이 171m, 폭 12,8m, 만재흘수 11.5m 크기에 160여명의 승조원이 탑승하는데 지난 2016년 7월 13일, 부산 남구 해군작전사령부에 입항한 바 있다. 오하이오 잠수함에는 1600km 떨어진 목표물을 정확히 요격할 수 있는 토마호크 순항미사일 최대 154기와 MK48 중어뢰, 각종 특수전 장비 등을 갖추고 있으며, 미국 워싱턴주 뱅거를 모항으로 괌에 전진 배치되어 있는데, 동급으로 4척을 더 보유하고 있다.

148) JDPI는 생물학무기 진원지를 포함하여 선정한 것으로 검증까지 마친 상태여서 계획대로 포격이 가능하다면 북한 핵시설과 주요 군사시설을 단 번에 초토화시킬 수 있는 시나리오이다. 물론 문제가 될 수 있는 것은 200기에 이르는 것으로

결국 북한 내의 주요 목표 숫자나 규모가 미국이 짧은 시간 내 전개할 수 있는 주요 전력의 폭탄이나 미사일보다 훨씬 적다는 사실에는 의심할 여지가 없기 때문에 정밀타격만 한다면 얼마든지 기습이 가능할 것으로 판단하고 있다.

미군의 물량공세로 북한 핵시설은 초토화될 것이지만 이같은 작전은 확전(擴戰) 가능성을 염두에 둬야 하기 때문에 미군은 북한의 모든 전력을 한꺼번에 무력화하는 대규모의 전쟁을 동시에 준비해야 할 것으로 보았다. 바로 이러한 이유 때문에 사드(고고도방어미사일, THAAD)의 필요성도 제기되고 있는 것이다.

이 보고서는 또 북한은 미군이 군사행동으로 나설 경우 장사정포와 생화학공격능력, 단거리 미사일, 특수부대 침투와 사이버 공격을 동원하여 한국 및 일본에 대한 보복 공격 등이 있을 것으로 분석하고 있다. 비록 서울이 휴전선으로부터 근접 거리여서 상당한 타격이 예상되지만, 대표적인 대남 공격무기인 장사정포의 경우에도 인명피해가 수천 명에 불과할 것으로 예측하였는데, 그 이유로는 북한의 낡은 무기체계와 불발탄 비율이 변수이기 때문이다.[149)]

이 보고서는 북한 핵시설에 대한 정밀타격이 매우 힘든 결정이기는 하지만 결국은 수행되어야 하는 임무라고 보고 있다는 점이 중요

알려진 북한의 이동식미사일발사대(TEL) 차량인데, 이들을 한꺼번에 격파하려면 사전 위치 파악이 필수여서 압도적인 미국의 정보 자산으로도 만만치 않은 과제가 될 것이다. 추부길, ***북한 급변사태와 한반도 통일*** (서울:에듀팩토리, 2016년), 158.

149) 북한의 최상위 무기 중 하나인 곡산 170mm 자주포와 견인포는 약 8,600문이 있기는 하지만 한국군에 비하면 무기라고 할 수 없을 정도로 빈약하며(포탄 1~2발 쏘는데 5분 정도 소요), 240mm, 300mm 다연장로켓포도 4,800문 정도가 있으나 이 역시 무시해도 좋을만한 수준의 무기이며, 더구나 불발탄이 너무 많다는 것은 이미 확인된 사실이다.

하다. 결국 미국 본토에 대한 공격 능력을 포함하여 북한 핵 무장이 현실로 다가왔을 때 지불해야 하는 대가와 현재 상황에서 정밀타격을 했을 때 닥쳐올 보복공격의 피해를 서로 가늠해 본다면 결론은 명약관화해질 것이라는 점이다.

분명한 것은 북한 핵 능력을 파괴하는 완벽한 타이밍은 절대 오지 않는다는 것이다. 그러나 평양이 매년 핵 무장에 다가가리라는 사실은 명확하기 때문에 결론은 이미 정해져 있다고 말한다.

미국의 오바마 대통령도 지난 2016년 4월 26일, 핵실험과 미사일 시험 발사 등 도발행위를 해오고 있는 북한을 무력으로 파괴할 수 있다고 밝힌 바 있어 북폭계획은 언제든 곧바로 실현 가능한 '준비완료형 시나리오'라 할 수 있다.

이 보고서가 수립되는 시점에 미국 백악관 국가안전보장회의(NSC) 한국·일본 담당 보좌관을 지낸 시드니 사일러 (Sydney Seiler) 전 미 국무부 6자회담 특사가 지난 2016년 5월부터 주한미군 사령부 정보참모부(Assistant Chief of Staff J2) 소속 총괄분석 담당으로 근무하고 있다는 점도 이러한 시나리오에 힘을 더해 준다.[150) 미국측으로서는 상당한 고위급 인사임에도 직전 직위보다 한참 낮은 직급에 임명되어 주한미군에 상주하고 있다는 점은 직급 여부를 떠나 현재의 한반도 상황에 대한 미국측의 심각성이 엄중하다는 점을 보여주는 대목이며, 향후 한반도 정책이 사드 배치를 포함하여 급변할 수 있다는 점에서 주목되고 있다. 현재 사일러는 한반도 정보판

150) "사일러 前 미국 6자특사, 주한미군서 정보분석관 근무," <연합뉴스>, 2016년 7월 6일

단의 사실상 책임자로 보여지며, 북한 체제 안정성에 이상이 있다는 신호음과 무관하지 않다는 것이다.

분명한 것은 사일러의 한국 배치 이후 미국 정부의 태도가 김정은 체제 붕괴나 급변사태 가능성 등이 더 부각되고 있다는 점으로 이 보고서도 미국의 이러한 흐름과 무관치 않다 할 것이다.

실제적으로 미군이 아시아·태평양 지역에 최신 무기들을 계속 배치하고 있어 미국이 실제적인 행동을 착착 준비하고 있는 것이 아닌가 보여진다. 미국의 애슈턴 카터(Ash Carter) 국방장관은 외교전문지 포린 어페어스(Foreign Affairs) 2016년 11/12월호에 기고한 글에서 미국의 외교 및 경제, 안보에 있어 아시아·태평양 지역이 가지고 있는 중요성을 강조하면서 최정예 미군 요원들과 무기들을 이 지역에 계속 배치하고 있다고 밝혔다.[151] 구체적으로 F-22와 F-35스텔스 전투기, P-8A 포세이돈 해상초계기, 수직 이착륙기 V-22 오스프리, B-2 전략폭격기, 최신 수상함들을 배치하고 있다는 것이다. 또한 미 국방부는 최신 수상함의 숫자를 늘리는 한편 성능을 더욱 고도화하고 있으며, 버지니아급 핵추진 잠수함, 최신 수중 드론, 최신 장거리폭격기 B-21 , 사이버 스페이스 및 전자 전, 우주 공간에서의 전쟁을 수행하기 위한 장비 등에도 투자하고 있다고 언급했다.

뿐만 아니라 트럼프 군단의 자문역들도 미국 외교전문지 포린폴리시(Foreign Policy)에 기고한 글에서 '군사력 강화를 통한 아시아·태평양 평화전략'에 따라, 남중국해를 비롯한 아태 지역의 미 해

151) Ash Carter, "The Rebalance and Asia-Pacific Security, Building a Principled Security Network," ***Foreign Affairs*** Vol. 95 No 6 (Council on Foreign Relations, November/ December 2016)

군 전력을 지금의 247척에서 350척으로 대폭 늘릴 것이라고 예고하기도 했다.[152] 물론 이러한 미군의 배치가 한국만을 위한 것은 아니지만 한반도를 포함한 일본 등의 권역에 집중적으로 배치하고 있다는 것은 상당히 큰 의미가 있다 할 것이다.

전체적인 흐름으로 볼 때 트럼프 정부는 2017년 상반기부터 대북제재 방법론이 아닌 북한에 대한 정권교체(regime change) 방법론에 대해 중국과 논의할 가능성이 높아 보인다. 곧 북한을 김정은 제거 및 핵과 미사일 파괴라는 외과 수술식으로 정리할 것인가, 아니면 전면적인 선제타격 방식으로 할 것인지의 방법론에 대해 선택을 요구할 가능성이 충분히 있다.[153]

물론 제3의 대안도 있다. 곧 김정은 제거 후 중국이 지지하는 지도자를 옹립,[154] 親中정권의 수립을 통한 정권교체(regime change)를 한 다음, 새로운 정권과 6자회담을 재개하면서 9.19선언에 근거한 핵 전면 동결과 핵 포기를 거치는 <시나리오 3>의 과정을 밟는다면

152) Alexander Gray, Peter Navarro, "Donald Trump's Peace Through Strength Vision for the Asia-Pacific," ***Foreign Policy*** (November 7, 2016)

153) 선제타격을 언제든지 할 수 있다는 자세 자체가 북한에게는 핵도발에 대한 제어 및 태도 변화를 촉구하는 메시지가 되며, 중국에게는 상당한 압박과 함께 강력한 대북제재를 실현시키는 원동력이 될 수도 있다.

154) 親中 지도자로 김정남이 우선 거론될 수 있을 것이다. 김정남은 김정일 북한 전 국방위원장의 장남으로 1990년대 후반부터 2000년대 초까지 북한 권력 세습의 후계자로 떠올랐으나, 2009년 이복동생 김정은이 후계자로 내정되면서 후계 구도에서 밀려났다. 親中은 아니지만 비교적 합리적이면서 중국은 물론 서방과도 잘 통할 수 있는 인물로는 김평일이 거론된다. 김일성의 두 번째 부인 김성애의 장남이자 사망한 김정일 북한 국방위원장의 이복동생인 김평일은 김정일과의 권력투쟁에서 밀려 수십년간 해외에서 체류해왔다. 1998년부터 17년간 폴란드 대사를 지내다 2015년 2월 체코 대사로 옮겼다.

한반도에 평화가 도래할 수 있을 것이다. 그리고 새로운 지도자를 맞이한 북한은 국제사회의 지원하에 중국식 개방을 하면서 남・북간의 협상을 통해 통일의 길로 나아갈 수 있을 것이다. 어쩌면 가장 이상적인 방법일 수도 있으나 결국은 중국이 선택할 문제이기도 하다.

어떠한 방법으로 전개가 되든지 간에 2016년 하반기로부터 2017년 상반기 중에 북한이 핵실험이나 중대한 미사일 도발을 한다면 중국은 차선의 선택을 할 수밖에 없는 결과를 가져오게 될 것이다.

선제타격의 시기는 중국의 태도에 달려 있지만 북한의 선택도 중요한 분기점이 될 수 있을 것이다. 북한의 SLBM 다발장착 잠수함의 완성시기가 언제일 것인가가 첫 번째 관점이다. 북한은 2017년말, 늦어도 2018년 안에 이를 완성시키겠다고 공언했다. 이를 감안한다면 대북 선제타격 내지 정권교체(regime change) 시기는 어느 정도 윤곽을 이미 드러내고 있다고 봐야 할 것이다.

또 하나의 변수는 ICBM과 SLBM의 실전배치 시기인데, 김정은은 1만 5000km ICBM, 5000km SLBM를 2016년말까지 완성하라는 지시가 있었다는 점을 감안한다면[155], 실질적으로 2017년 상반기에는 실질적 배치가 마무리 될 수도 있을 것이다.[156] 이 점이 큰 변수이다.

핵무기 또한 2020년까지 최대 100개 보유가 예측되는데[157] 이 시

---

155) "김정은, 1만5000km ICBM과 5000km SLBM 연내 완료하라," <중앙일보>, 2016년 10월 11일

156) John Schilling, "North Korea's SLBM Program Progresses, But Still Long Road Ahead," <38 North>, 26 August 2016

기가 되면 미국 또한 북한에 대한 어떠한 조치도 불가능해질 가능성이 농후하다. 남쪽의 한국은 더더욱 말할 필요가 없다. 만약 북한의 주장대로 그러한 상황이 도래한다면 한국은 철저히 북한 당국에 끌려 다니는 형세가 되고야 만다. 결국 핵무기의 진전 상황도 아주 중요한 변수가 된다.

이러한 상황을 전반적으로 고려해 본다면 미국의 북한 정권교체 혹은 정권 붕괴를 위한 군사행동이 가장 유력한 시기는 2017년 하반기에서 2018년 상반기 중이 될 수 있을 것으로 추정된다. 중요한 것은 이 시기에 대한 판단을 철저하게 미국 독자적으로 할 가능성이 높다는 점이다. 미국의 국익과 직결되기 때문이다. 물론 중국과의 조율에 따라 조정될 수도 있겠지만 북한 핵과 미사일에 관하여 특별한 변동사항이 생기지 않는 한 2018년을 넘기지는 않을 것으로 판단된다.

짚고 넘어가야 할 관점 중의 하나는 선제타격의 명분은 벌써 주어졌다는 점이다. 북한은 이미 대미(對美) 선전포고를 한 바 있다. 실제 북한 인민군 총참모부는 9월 22일 성명을 통해 "미제가 B-1B(전략폭격기) 따위를 끌어들이며 도발의 위험도수를 높인다면 괌을 아예 지구상에서 없애 버릴 것"이라고 협박한 바 있으며, "우리가 발사하는 징벌의 핵탄은 청와대와 반동 통치기관들이 몰려 있는 서울을 잿더미로 만들 것"이라고 했다.[158] 이는 미국의 입장에서 단순한 엄포

157) 권혁철(2015), ***op. cit.,*** 4~6.
158) "[이슈추적] 미국엔 북 ICBM이 게임 체인저…'선제 타격론' 제기도," <중앙일보>, 2016년 9월 23일

가 아닌 선전포고로 받아들 수 있는 사항이다. 미국은 또 태평양을 자신들의 영해로 생각하기 때문에 북한이 쏜 ICBM이 본토가 아닌 태평양에라도 떨어지면 선제타격의 명분으로 삼을 수 있을 것이다.

미국은 "북한이 실제 미국을 위협한다면 자위적 측면에서 선제타격이 가능하다"는 것이 일관된 공식적 입장이다. 분명한 것은 미국은 자국 안보를 지상 과제로 내세우는 나라라는 점인데 그동안 심각한 위협 요인이 생기면 군사력 사용을 망설이지 않았음을 주목해야 한다.

크리스토퍼 힐(Christopher Hill) 전 국무부 동아태 차관보도 "미국의 어떤 대통령도 북한이 핵을 보유하는 것을 하락하지 않을 것"이라면서 "북한이 핵무기를 실전 배치하게 된다면 미국은 북한과 정상적 관계가 불가능해 질 것이며, 미국은 수단과 방법을 가리지 않고 핵무기의 실전 배치가 되지 못하도록 할 것"이라는 경고도 이와 맥락을 같이한다.[159]

결론적으로 미국은 북한 핵무기를 저지할 마지막 기회로 빠르면 1년, 늦어도 2~3년으로 보고 있다 할 것이다. 그동안 3~5년 안에 핵 무기 수단이 실전배치 될 것으로 보았지만 이 시기가 2~3년으로 급속도로 단축되었기에 또다시 더 단축될 가능성도 충분히 있다.[160] 만

---

159) Christopher Hill, "International Environment for Korean Unification and Peace in Northeast Asia," *Korea Global Forum 2016* (통일부, 2016년 11월 14일). 힐 차관보가 제1세션 공개세미나에서 발언한 내용이다.

160) 청샤오허(成曉河) 런민대 국제관계학원 교수도 이점에 동의한다. 청 교수는 "향후 1년간 선제타격 같은 군사상의 행동 가능성이 상당히 있다고 본다. 북한의 핵 개발과 이에 한・미가 무력으로 맞설 가능성이 있기 때문에 앞으로 1년 동안은

약 미국이 이 시기에 북핵 저지에 실패한다면 미국은 북한의 핵 인질로 전락할 수 있다는 우려를 가지고 있다.

그렇기에 미국은 분명한 선택할 것이다. 북한을 핵보유국으로 공식 인정하면서 북한의 외교에 끌려 다닐 것인지, 아니면 그동안의 공언대로 미국에 대한 위협 요소를 제거할 것인지 말이다. 2017년 들어 시진핑 2기를 맞게 될 중국 역시 마찬가지이다. 김정은을 제거한 북한정권을 통해 완충지역으로서 북한을 유지할 것인지, 아니면 미국의 선택에 의한 또다른 북한을 맞아들일 것인지의 기로에 놓여 있다.

변수는 수없이 널려있다. 언제 어떠한 또 다른 변수가 돌출할지도 모른다. 분명한 것은 대한민국이 유사 이래 최대의 고비를 맞고 있다는 점이다. 이러한 시기에 우리는 무엇을, 어떻게 해야 할까? 당연히 외교는 김정은 정권이 오래 버티는 것을 전제로 수행해 가야 하지만 김정은의 정치적 수명을 고려하여 언제든지 급변이 일어날 수도 있다는 것을 전제로 만반의 대비를 해 가야 할 것이다.

동북아에 상당히 위험한 기간이 될 것"이라고 언급한 바 있다. "향후 1년 한반도 戰雲… 北核 막기위해 韓美 군사행동 가능성," <문화일보>, 2016년 11월 1일

참고문헌

1. 단행본

곤도 다이스케(近藤大介), *시진핑은 왜 김정은을 죽이려는가*(서울: 한국경제신문, 2014)

국방부, ***2014 국방백서***(대한민국 국방부, 2014년 12월 31일)

송민순, ***빙하는 움직인다: 비핵화와 통일 외교의 현장***(경기: ㈜창비, 2016)

조민 · 김진하, ***북핵일지 1995~2014*** (서울:통일연구원, 2014)

추부길, ***북한 급변사태와 한반도 통일***(서울:에듀팩토리, 2016년)

통일부 남북회담본부, ***남북대화*** 제77호 (서울: 통일부, 2016)

Albright, David, ***Future Directions in the DPRK's Nuclear Weapons Program: Three Scenarios for 2020, North Korea Future Series*** (US-Korea Institute at SAIS, 2015)

________, David, ***North Korean Plutonium and Weapon-Grade Uranium Inventories***, (Washington DC.: ISIS-Institute for Science and International Security, January 8, 2015. revised Oct. 5, 2015)

Department of Defense, ***Military and Security Developments Involving the Democratic People's Republic of Korea; Report to Congress 2015*** (Office of the Secretary of Defense, Jan., 2016)

FPI, ***Foreign Policy 2015*** (Washington DC: the Foreign Policy Initiative(FPI), September 30, 2015)

House Armed Service Committee, ***Statement of General Charles H. Jacoby, Jr. United States Army Commander United States Northern Command and North American Aerospace Defense Command Before the House Armed Services Committee*** (U.S. House of Representative Committee, U.S. House Armed Service Committee, Feb. 2014)

Stares, Paul B., ***Preventive Priorities Survey: 2016*** (Council on Foreign Relations,

December 2015)

Wood, Dakota L.(ed), ***2016 Index of U.S. Military Strength*** (Washington D.C.: The Heritage Foundation, October 2015)

2. 논문 및 학술지

권혁철, "능동적 핵 억제전략," ***204회 공동체자유주의세미나*** (한반도선진화재단, 2015)

극동문제연구소, "북한의 핵 투발수단," ***북핵 · 미사일 리포트*** 2016-06 (극동문제연구소, 2016년 7월 29일)

김성한, "미국 대선과 한반도", IIRI Working Paper Series No. 33 (일민국제관계연구원, 2016년 10월)

김재천, "4차 북한 핵실험과 전략적 인내의 종언: 미국의 대북정책 변화 분석," ***통일정책연구*** 제25권 1호 2016 (통일연구원, 2016년 6월 30일)

박영호, "박근혜 정부의 대북정책: 한반도 신뢰프로세스와 그 과제," ***한반도포럼세미나***(한반도포럼, 2013년 5월 10일)

박형중, "김정은 정권의 핵 및 대남 정책 방향 진단," ***전략연구*** 통권 제63호 (한국전략문제연구소, 2014년 7월)

박휘락, "북한의 SLBM 공격에 대비한 우리의 대응전략," 안***보 긴급진단 정책토론회: 북한의 SLBM 위협과 우리의 대응*** (한반도선진화재단, 2016년 9월 19일)

송민순, "세계 질서 손 놓으려는 미국, 그리고 한국의 길," ***미국 트럼프 신 행정부 등장과 한국의 외교 · 안보 및 남북관계 전망***(경남대학교 극동문제연구소, 2016년 11월 22일)

신종호, "안보리 대북제재 결의 2270호 이행보고서 평가," ***Online Series*** CO 16-22 (통일연구원, 2016년 9월 5일)

NK지식인연대, "김정은, 당 중앙 군사위에서 "주한미군이 철수하고 500억을 보상하면 핵과 바꿀것 언급," ***2016년 11월 클로즈업 북한***(NK지식인연대, 2016년 11월 2일)

NK지식인연대, “신포 봉대보이라 공장 내에 노후 된 러시아 3천 톤급 잠수함 2대 있다,” ***2016년 9월 클로즈업 북한***(NK지식인연대, 2016년 9월 8일)

오경섭, “오바마의 북한붕괴 발언과 미국의 대북정책,” ***정세와 정책***(세종연구소, 2015년 3월호)

이해정 · 이용화, “북핵 논의 27년과 5차 핵실험,” ***경제주평*** 16-39, 통권 712호 (2016년 9월 30일)

임수호, “7차 당대회 이후 북한의 핵정책과 한반도 위기구조 전망,” ***수은 북한경제*** 2016년 가을호 통권 50호 (한국수출입은행, 2016년 9월 30일)

전봉근, “북한이 영원히 핵보유국이 될 수 없는 이유,” ***국가안보전략*** 통권 49호 (한국국가전략연구소, 2016년 9월),

______, “북핵정책의 위기와 대응전략,” ***한반도포럼세미나***(한반도포럼, 2013년 5월 10일),

정상돈, “김정은 정권의 군사전략: 목표와 방법,” ***동북아안보정세분석***(국방연구소, 2015년 4월 6일)

정성장, “북핵문제와 한반도 통일,” ***제21차 세종-CICIR 국제학술회의***(세종연구소, 2015년 9월 14일)

______, “북한의 핵능력 고도화와 한국의 핵무장 · 남북대화 문제,” ***정책브리핑*** 2016-24 (세종연구소, 2016년 9월 13일)

최강, “핵무장론 파장과 대응방안,” ***핵포럼 3차 세미나***(핵 해결을 위한 새누리당 의원 모임, 2016년 10월 12일)

추부길, “북한 급변사태 가능성과 한반도 정세,” ***동아시아 국제세미나: 동아시아 국제질서 변동과 한반도통일***(건양대 산학협력단, 한국현대사학회, 2016년 9월 30일)

KOTRA, “2015년 상반기 북한 경제 · 정치 동향 전문가 의견,” ***KOTRA 글로벌 윈도우***(KOTRA, 2015년 6월 11일)

한국국가전략연구원, “북한, 더티밤 부대 보유설,” ***국가안보전략*** 통권 50호 (한국국가전략연구원, 2016년 10월),

홍양호, “남북정상회담의 성공조건,” ***2015 한중동북아포럼*** (한반도선진화재단, 2015년 4월 16일)

Albright, David and Serena Kelleher-Vergantini, "Plutonium, Tritium and Highly Enriched Uranium Production at the Yongbyon Nuclear Site," ***Imagery Brief*** (Institute for Science and International Security, June 14. 2016).

Carlin, Robert & Robert Jervis, ***Nuclear North Korea: How Will it Behave?*** (Washington DC: US-KOREA Institute at SAIS, October 2015)

Carter, Ash, "The Rebalance and Asia-Pacific Security, Building a Principled Security Network," ***Foreign Affairs*** Vol. 95 No 6 (Council on Foreign Relations, November/ December 2016)

Cronin, Patrick M., ***If Deterrence Fails: Rethinking Conflict on the Korean Peninsula*** (CNAS, March, 2014)

Ferguson, Charles D., "How South Korea Could Acquire and Deploy Nuclear Weapons," ***If Japan and South Korea Go Nuclear: Two Military-Technical Scenarios***, (NPEC; Nonproliferation Policy Education Center, May 13, 2015)

Gause, Kenneth, "미국 신 행정부와 남북관계, 북핵문제; A New U.S. government, Inter-Korea Relations, and the North-Korean Nuclear Issue," 미국 새 행정부 출범과 한반도 평화통일 세미나; A New US Adminstration and the Peaceful Unification of Korea (대통령 직속 통일준비위원회, 2016년 11월 11일)

Gray, Alexander, Peter Navarro, "Donald Trump's Peace Through Strength Vision for the Asia-Pacific," ***Foreign Policy*** (November 7, 2016)

Hill, Christopher, "International Environment for Korean Unification and Peace in Northeast Asia," ***Korea Global Forum 2016*** (통일부, 2016년 11월 14일)

Lankov, Andrei, "북한 경제의 최근 동향과 남북경제 협력 방안," ***2015 한반도통일 심포지엄*** (연합뉴스, 2015년 8월 13일)

Schilling, John, "North Korea's SLBM Program Progresses, But Still Long Road Ahead," ***38 North***, 26 August 2016

________, John, Jeffrey Lewis and David Schmerler, "A New ICBM for North Korea?", ***38 North Report***, December 22, 2015

Stratfor, ***Removing the Nuclear Threat*** (STRATFOR, May 23, 2016)

3. 언론

<국민일보>, 2015년 2월 26일, 2016년 11월 16일

<국방일보>, 2015년 5월 17일

<국방홍보원 콕뉴스>, 2015년 8월 26일

<글로벌디펜스뉴스>, 2016년 9월 24일, 11월 9일

<노동신문>, 2013년 5월 3일

<뉴데일리>, 2016년 11월 19일

<뉴시스>, 2016년 9월 20일

<동아일보>, 2015년 7월 29일, 9월 24일, 10월 21일, 10월 24일, 10월 29일

<문화일보>, 2016년 6월 7일, 6월 24일, 9월 29일, 11월 1일, 11월 10일

<미래한국>, 2016년 11월 10일

<아시아경제>, 2015년 12월 26일

<연합뉴스>, 2013년 2월 12일, 2016년 3월 4일, 3월 13일, 6월 14일, 6월 24일, 7월 6일, 8월 29일, 10월 14일, 11월 7일, 11월 13일

<자유아시아방송>, 2016년 8월 23일

<조선일보>, 2016년 5월 17일, 8월 24일, 9월 3일, 9월 30일, 10월 1일, 11월 8일, 11월 11일

<조선중앙통신>, 2013년 3월 31일

<중앙선데이>, 2016년 10월 30일

<중앙일보>, 2015년 12월 26일, 2016년 5월 29일, 8월 26일, 9월 7일, 9월 23일, 10월 4일, 10월 7일, 10월 11일, 10월 11일, 10월 28일, 11월 11일, 11월 7일

<헤럴드 경제>, 2016년 8월 31일

<Newsweek>, March 31. 2016

<VOA Korea>, 2015년 10월 9일, 2016년 5월 21일

북한의 비핵화와 미국 트럼프 신행정부

이 홍 종*

I. 서론

2017년 1월 8일 북한은 외무성 대변인 담화를 통해 "대륙간탄도미사일(ICBM)이 최고 수뇌부가 결심하는 임의의 시각과 장소에서 발사될 것"이라고 위협했다. 애슈턴 카터 미국 국방장관은 곧바로 "우리 동맹을 위협한다면 격추할 것"이라고 밝혔다. 중국은 고고도미사일방어체계(THAAD) 배치 결정을 빌미로 일찍이 전방위적인 압박과 보복에 나선 가운데 여론전도 본격화했다. 김정은은 1월 1일 육성으로 발표한 신년사에서 "ICBM 시험발사 준비 사업이 마감 단계"라고 주장했다. 도널드 트럼프 미 대통령 당선자는 이튿날 "그럴 일은 일어나지 않을 것"이라며 북한의 ICBM 개발을 억제하겠다는 의지를 분명하게 표명했다. 북한의 외무성의 1월 8일 담화는 결과적으로 트럼프 당선자에 대한 반격인 셈이다. 북한이 ICBM으로 한국과 미국은 물론 세계를 조롱하는 판에 중국이 한국의 사드를 반대하고 철회를 강요하는 행태는 내정간섭일 수밖에 없다. 트럼프 당선자가 중국은 "미

* 부경대학교 국제지역학부 교수

국과의 무역으로 엄청난 돈과 부를 빼가고 있지만 북한(문제)을 돕지 않으려 한다"고 비꼬았는지를 되돌아볼 필요가 있다.[1)]

본 연구에서는 대북문제(통일문제)를 통합(통일)이론으로 먼저 살펴보고 통일을 위해 제일 중요한 북한의 비핵화라는 변화를 '당근과 채찍' 정책을 통해 검토할 것이다. 경제협력은 당근이 될 수 있고 대북 제재는 채찍이 될 수 있다. 두 정책 모두 대화는 가능해야 한다. 박근혜 대통령도 후보 시절 '한반도신뢰프로세스'를 발표 하면서 "전쟁 중에도 대화를 해야 한다"고 강조한 바 있다. 대화와 협력만을 반드시 함께 생각하는 것은 올바르지 못하다. 대한민국 역대 행정부의 대북정책, 북한의 핵무기 고도화 과정 그리고 북한의 비핵화 등을 국제정치와 미국 트럼프 신행정부와 연결하여 분석하는 것이 본 논문의 목적이다.

Ⅱ. 이론적 배경

1. 기능주의와 신기능주의

통일/통합(integration)의 방법은 세 가지가 있다. 첫째 기능주의는 경제, 문화 등 '비정치적인' 것들로 통합을 추진하면 파급효과에 의해 '정치적인' 것들도 통합의 방향으로 간다는 접근법이다. 남북경제교류, 스포츠교류 등을 하다 보면 신뢰가 쌓여 군축 등 정치적인

1) http://news.naver.com/main/read.nhn?mode=LSD&mid=shm&sid1=110&oid=081&aid=0002789138 (검색일: 2017. 1. 8).

문제도 풀려 갈 수 있다고 보는 접근법이다. 둘째 연방주의는 '정치적인' 문제를 먼저 해결하면 '비정치적인' 문제들도 쉽게 해결된다고 보는 접근법이다. 대표적인 예가 연방주의를 채택한 United States of America이다. 셋째 신기능주의는 기능주의와 연방주의를 합친 접근법이다. 남북경제교류, 스포츠교류 등 기능주의적인 조치로 남북관계가 발전하다 어느 순간 정체되면 연방주의적인 조치인 남북고위당국자회담 등을 추진해야 남북관계가 계속 진척될 수 있다. 이것이 신기능주의이다. 소위 "퍼주기"라는 김대중 정부의 화해협력정책(포용정책, 햇볕정책)은 기능주의적인 방식으로 처음에는 필요하지만 나중에는 신기능주의 방식인 '상호주의'로 넘어가야 한다. 강경정책으로 평가되는 이명박 정부와 박근혜정부의 대북정책은 상호주의 방식이라고 볼 수 있다. 김대중 정부에서 시작된 포용정책이 필요하지만 잘못 진행된 점은 두 가지가 있다. 첫째 지원된 물품이 제대로 북한의 민간인들에게 전달되었는지 검증이 안 되었다. 둘째 금강산관광비의 일부와 개성공단임금 전부가 달러로 전달되어 북한 독재정권의 비자금(핵무기 개발비 등)으로 되었다(이홍종 2016, 17).

2. 당근과 채찍

당근과 채찍 정책은 온건한 정책과 강경한 정책을 말하는 것으로 어원은 비스마르크시대의 '엿과 채찍' 정책이다.[2)] 통일(북한문제)

2) http://terms.naver.com/entry.nhn?docId=1095363&cid=40942&categoryId=31645(검색일: 2016. 12. 10).

을 위해 제일 중요한 북한의 비핵화라는 변화도 당근과 채찍 정책을 통해 검토할 것이다. 경제협력은 당근이 될 수 있고 대북 제재와 북한인권법은 채찍이 될 수 있다. 당근과 채찍 정책 모두 대화는 가능해야 한다. 박근혜 대통령도 후보 시절 '한반도신뢰프로세스'를 발표 하면서 "전쟁 중에도 대화를 해야 한다"고 강조한 바 있다. 대화와 협력만을 반드시 함께 생각하는 것은 올바르지 못하다.

대북 제재는 UN 차원의 대북제재와 국가별 양자 제재가 있다. 후

〈표 1〉 북한의 핵실험과 UN 대북 제재(김일기 2016. 7)

구분	1차('06.10.9)	2차('09.5.25)	3차('13.2.12)	4차('16.1.6)	5차('16.9.9)
일시	당 창건일 ('45.10.10)	美 메모리얼 데이 (매년 5월 마지막 월요일)	김정일 생일 ('42.2.16)	김정은 생일 ('84.1.8)	북한정권수립일('48.9.9)
위력	지진파 3.9 1kt 이하	지진파 4.5 2~6kt	지진파 4.96~7kt	지진파 4.86kt	지진파 5.010kt
원료	플루토늄 (핵장치 수준 폭발위력 제한)	플루토늄 (핵분열 실험)	고농축 우라늄 추정	북 수소탄 주장(증폭핵 분열탄 추정)	북 수소탄 주장(증폭핵 분열탄 추정)
대북 제재	UN 안보리 결의 1718호 ('06.10.15)	UN 안보리 결의 1874호 ('09.6.13)	UN 안보리 결의 2094호 ('13.3.7)	UN 안보리 결의 2270호 ('16.3.3)	UN 안보리 결의 2321호 ('16.11.30)
예고 성명	6일전 (외무성)	26일전 (외무성)	19일전 (국방위)	없음	없음
사전 징후	3개월전 장거리 미사일 발사	50일전 장거리 미사일 발사	2개월전 장거리 미사일 발사	16일전 SLBM 발사	15일전 SLBM 4일전 노동계열 미사일 발사
의미	핵무기 제조능력 확인	핵보유 기정사실화 추진	소형화, 다종화 추진	최강의 핵억제력 주장	핵탄두폭발 시험 주장

자는 미국, 일본, 한국 등에서 하고 있으나 중국은 반대하고 있다. 이것이 대북 제재가 제대로 되지 않은 가장 큰 이유이다. 중국이 북한으로 가는 원유 공급을 중단시키면 북한은 5일을 못 버티고 붕괴할 것이라는 것이 많은 전문가들의 견해이다. 그러나 문제는 중국이 북한의 완전한 붕괴를 원하지 않고 '북한의 비핵화'보다는 '한반도 비핵화'를 더 내세우고 있다는 점이다.

2016년 7월 7일 UN은 김정은을 포함한 북한의 개인 15명과 기관 8곳을 제재 대상으로 지정하는 대북 인권제재를 발표하여 김정은을 직접 제재 대상으로 최초 지정하였다. 지난 2004년 제정된 미국의 북한인권법[3)]은 앞서 2008년과 2012년에 두 차례 연장됐고 2017년에 만료를 앞두고 있다. 북한인권법은 북한에 대한 채찍 정책이 될 수 있다. 세계에서 처음으로 제정된 미국의 북한인권법은 북한 주민들에게 인도적 지원을 제공하고, 탈북자들이 미국에 난민으로 정착할 수 있도록 허용하는 내용을 담고 있다. 또한, 민간단체와 비영리기구들에 대한 재정 지원도 포함됐다. 이밖에, 외부세계의 정보를 북한에 전달하기 위해 하루 12시간씩 대북 라디오 방송을 하도록 했고, 국무부 안에 북한인권을 담당하는 특사를 임명해서 북한인권 개선에 관한 업무를 맡겼다. 북한인권법은 북한 인권 문제에 관심을 갖게 하는 중요한 계기가 됐다. 북한인권법은 북한의 핵과 미사일 문제 뿐

---

3) 2004년 10월 4일, 미 하원에서 초당적 지지 속에 북한인권법안이 통과됐다. 앞서 2004년 7월 미 하원에서 북한인권법안이 처음 통과됐고 이어 일부 내용이 수정보완돼 9월에 상원을 통과했고, 상원 법안이 다시 하원을 통과하면서 입법 절차가 마무리됐다. 법안은 곧바로 백악관으로 넘겨졌고, 10월18일에 조지 부시 대통령의 서명을 거쳐 즉각 발효됐다.

아니라 북한 인권 문제에도 큰 관심이 만들었다. 지난 12년 동안, 미국 북한인권법의 가시적인 성과로는 탈북자들이 난민자격으로 미국에 입국해 정착한 것을 꼽을 수 있다. 2006년 5월, 탈북자 6명이 난민자격으로 미국에 들어온 것을 시작으로, 2016년 9월까지 10년 동안 모두 200명의 탈북자가 미국에 정착했다. 그러나, 그 동안 미국 정부가 받아들인 탈북 난민이 너무 적다는 지적도 끊이지 않았다. 북한인권 관련 비정부기구들에 대한 지원도 북한인권법의 중요한 성과 가운데 하나. 특히, 서울에 있는 북한 인권 비정부 기구들, 주로 탈북자들이 운영하는 대북라디오 방송국들 같이 운영 자금을 마련하기 어려운 단체들에게 미국 정부의 지원은 생명줄 같은 역할을 한다(이홍종 2016, 22-23).

일본의 대북제재는 북한 국적자 입국 금지 등 인적 왕래 규제조치, 10만 엔 초과 대북 송금 금지 등을 들 수 있다. 일본의 북한인권법, 일본의 북조선 인권법(北朝鮮人権法)으로 2006년 6월 23일 공포되었다. 정식명칭은 '납치문제와 그밖의 조선민주주의인민공화국 당국의 인권침해 대처에 관한 법률'이다. 주로 일본인 납북문제해결과 조선민주주의인민공화국의 인권개선에 초점이 맞춰져 있다. 일본의 북한인권법은 전문 7조로 이루어진 이 법은 일본인 납치문제 해결에 대한 최대한의 노력, 국제적 연계의 강화, 북한의 인권침해 상황이 개선되지 않을 경우에 선박 입항 금지와 외국환 및 외국무역법에 따른 제재 조치 등을 골자로 한다(이홍종 2016, 24).

한국 정부의 북한 인권법(北韓人權法)은 2016년 9월 4일 발효되었다. 북한인권법은 조선민주주의인민공화국의 인권 개선을 위한 목적의 법률이다. 법안은 조선민주주의인민공화국의 인권 개선을 촉구하며 탈북 난민의 지위를 인정하고 국제적인 지원을 약속하는 내용이 주를 이룬다. 한나라당(현 새누리당)이 발의한 것으로 통일부에 북한인권자문위원회를 두고 북한인권기본계획을 수립해 시행하며 외교통상부에 북한인권대외직명대사를 임명하는 등의 내용으로 2005년 8월부터 17대 국회에서 처음 발의되었다. 황우여 의원 등 23명의 국회의원이 발의한 법안으로서 북한에 인도적 지원, 통일부에 북한인권자문위원회 설치, 북한 인권 개선을 위한 기금 마련 등을 내용. 북한 식량 지원에 관해서는 '조건 없는 지원'이 아닌 '투명성과 모니터링' 등을 조건으로 걸어 식량이 군량미 등의 용도로 전용되는 것을 막고자 했다. 북한주민의 인권개선과 아울러 외교부 산하에 북한인권대사 임명, 통일부 지도를 받는 북한인권재단 설립과 북한인권기록보존소 설치 및 북한인권단체 지원 등이 주요 내용이다. 2016년 3월 3일 북한인권법을 통과시켜 9월 4일 공포되었다. 북한인권법은 북한 주민에게 주는 희망의 메시지. 법적 제도적 장치 속에서 제대로 북한인권을 논의해야 한다. 2016년 9월 '북한인권기록센터' 개설하였다. 이 센터는 북한인권법에 따라 북한주민의 인권상황에 대한 정보를 수집, 기록하기 위해 신설된 것이다(이홍종 2016, 25).

Ⅲ. 북한의 비핵화

김대중 정부의 화해협력정책(포용정책, 햇볕정책)은 기능주의적인 방식으로 처음에는 필요하지만 나중에는 신기능주의 방식인 '상호주의'로 넘어가야 한다. 강경정책으로 평가되는 이명박 정부와 박근혜정부의 대북정책(한반도신뢰프로세스)은 상호주의 방식이다 (이홍종 2016, 24).

북한의 5차 핵실험에 대한 유엔 안전보장이사회 제재 결의가 나왔다. 2016년 9월 9일 핵실험 이후 82일 만이다. 시점은 예상보다 늦어졌지만 내용은 한층 더 촘촘해졌다는 평가가 나온다. 유엔 안보리는 2016년 11월 30일 15개 이사국이 참석한 가운데 회의를 열어 새로운 대북 제재결의 2321호를 만장일치로 통과시켰다. 이번 결의는 사실상 중국의 대북무역을 정조준하고 있다. 그중에서도 북한산 석탄을 사주지 못하게 하는 것이 핵심이다. 중국 해관총서에 따르면 2015년 한해 북한의 대중국 교역액은 57억1천만 달러(원유 수입액 추정치 포함)로 전체 교역액(62억5천200만 달러)의 91.3%에 달했다. 2015년 북한의 대중국 수출은 24억8천400만 달러(2조9천억 원)였는데 이중 석탄(무연탄)이 42%(10억5천만 달러)를 차지했다. 북한산 석탄수출에 상한선을 설정한 부분이 특히 주목된다. 전년도 석탄 수출 규모의 38%까지만 올해 수출을 허용한다는 것이 골자이다. 석탄의 국제시세가 유동적인 점을 고려해 수출 총량과 총액 대비 상한을 각각 산출한 뒤 금액이 낮은 쪽을 적용한다. 새 제재는 수출 상한의 이행을 담보하기 위해 북한에서 석탄을 수입하는 나라가 월별 수입량을 30일 이내에 안보리의 북한제재위원회에 통보하도록 의무화했다. 기존의 유엔 대북제재에서는 민생 목적의 석탄수출이 허용돼 제재 효과를 보장하기 어려웠다. 대북결의 2321호는 또 2270호

(2016년 3월 3일 채택)의 광물 수출금지 리스트에 은, 동(구리), 니켈, 아연 4가지를 추가했다. 기존의 금지 광물은 석탄, 철, 철광석, 금, 바나듐광, 티타늄광, 희토류 등이었다. 대북결의 2321호는 북한이 달러 획득 목적을 갖고 해외 노동자 파견 등의 형태로 인력송출을 해왔음을 상기시키고 회원국들에 주의를 촉구했다. 아울러 회원국의 선박, 항공기에 북한 승무원을 고용할 수 없도록 했다. 금융제재 강화와 관련해 대북결의 2321호는 또 북한과의 무역을 위한 공적・사적 금융지원(수출신용, 보증, 보험제공 포함)을 원칙적으로 하지 못하도록 했다. 미국 싱크탱크 전략국제문제연구소(CSIS)의 빅터 차 한국석좌는 "이번 안보리 결의가 2270호의 허점을 봉쇄하려고 성실히 노력한 결과라는 점은 인정할 만하다"면서 "그러나 중국에 대한 석탄수출 제한을 통해 연간 4억 달러 정도의 수입을 감소시키는 것만으로는 북한의 지속적인 핵무기 추구에 결정적인 타격을 줄 수 없다"고 지적했다.[4)]

유엔 대북제재의 실효성이 불투명한 것과 비례해 미국, 일본 등의 독자제재 중요성이 커지고 있다. 특히 미국의 독자 제재를 주목하는 전문가들이 많다. 미 재무부는 2016년 12월 2일, 북한의 조춘룡 제2경제위원장, 장창하 제2자연과학원 원장 등 개인 7명 외에 대량살상무기(WMD) 및 국외노동력 운송 수단으로 의심받아온 고려항공, 노동력 송출에 연루된 능라도무역회사 등 16개 단체를 독자제재 대상으로 올렸다. 미국의 독자제재 대상에 오르면 미국 내 자산이 동결되고 미국인 및 미국 기업과의 거래가 금지된다. 미국은 이 조치를 토

---

4) http://www.yonhapmidas.com/article/170105180422_644281(검색일: 2016. 12. 10).

대로 다른 관련 국가에도 이들과의 거래를 중단하도록 압박할 것으로 보인다. 미국 정부는 이들과 거래하는 제3국 기업 및 단체에 대해 제재를 부과하는 '세컨더리 보이콧'도 검토할 것으로 알려졌다.[5)]

한국 정부는 2016년 12월 1일 김정은 국무위원장의 최측근인 황병서 군 총정치국장과 최룡해 당 부위원장을 비롯한 북한 지도부 핵심인사 등 개인 36명과 노동당, 국무위원회(국무위) 등 핵심 기관 및 단체 35곳을 금융제재 대상에 추가했다. 한국 정부는 2016년 3월 안보리 결의 2270호가 채택되자 독자적으로 금융 등 부문의 대북제재를 했고 이번에 더 비중 있는 단체와 인물을 추가해 전체 제재 대상은 43명, 34곳에서 79명, 69곳으로 확대됐다. 이번에 추가된 황병서 총정치국장은 2015년 8월 목함지뢰 사건 등으로 남북이 일촉즉발의 위기 상황에 처했을 때 우리 측의 김관진 청와대 국가안보실장과 회담을 갖고 8.25합의를 이끌어낸 주역이다. 일본 정부도 한국과 같은 날인 2016년 12월 1일 대북 독자제재를 발표했다. 북한을 방문한 적이 있는 재일본조선인총연합회(조선총련) 간부와 외국인 핵·미사일 개발자의 재입국 금지 확대, 북한에 들렀던 모든 선박의 일본 입항 금지, 핵 · 미사일 개발에 관여한 단체·개인의 자산동결 대상 확대 등을 포함됐다. 한미일 3국은 양자제재를 통해 사실상 북한에 대한 경제봉쇄 단계까지 와 있어 중국과 러시아 등 다른 국가를 동참시키는 것이 중요하다. 중국과 러시아의 북한산 광물자원 수입을 철저히 감시해 유엔 제재결의의 석탄 수입 쿼터를 위반하는지 여부를 꼼꼼히 지켜보아야 한다.[6)]

---

5) http://www.yonhapmidas.com/article/170105180422_644281(검색일: 2016. 12. 10).

북한의 대외경제의존도가 매우 높다는 점에서 계속되고 있는 제재로 인해 "경제"적 어려움이 가중되고 있는 것은 사실이지만 대북제재와 관련하여 중국의 소극적인 태도로 인하여 그 실효성에 대해서는 회의적인 시각이 존재하고 있는 것도 사실이다. 북한의 대중국 무역의존도가 전체 교역의 80% 이상이기 때문이다. 중국은 유엔 차원 아닌 국가별 양자 제재 반대에 반대하고 있다(이홍종 2016, 25-26).

2016년 10월 1일 박근혜 대통령의 국군의 날 기념사에 담긴 분명한 메시지, "남으로 오시라!"는 북한문제에 대한 박근혜 대통령의 고민과 의도를 외교적 수사의 애매함 없이 과감하고 직설적으로 표현한 것이다. 박 대통령은 김정은 정권에게 핵과 미사일 능력을 과시해서 정권안정을 이루겠다는 착각을 버리라고 촉구하고 하였다. 북한 주민에게는 참혹한 인권탄압에서 벗어나 자유를 누리는 대한민국으로 올 것을 권고. 그러면서 우리 내부를 향해서는 북한 내 우발사태에 대한 만반의 준비를 갖추고 안보에 대해서는 모든 국민이 일치단결해야 한다고 강조하였다. 대통령 발언으로서의 파격성과 단순한 논리가 주는 명쾌함 때문에 그동안 북핵문제를 다루는 우리 정부의 대응에 답답해하고 좌절감을 갖게 된 사람들의 속을 시원하게 해 주었고 실제로 북한에서도 간접적으로 문의가 오고 있다고 한다(이홍종 2016, 26).

2016년 10월 13일 박근혜 대통령이 북한의 인권 상황을 비난하면서 북한 주민에게 탈북을 거듭 권유하고, 대내적으로는 북한 인권개

6) http://www.yonhapmidas.com/article/170105180422_644281(검색일: 2016. 12. 10).

선에 국론을 결집할 것을 호소하고 나섰다. 박 대통령은 이날 오후 청와대에서 민주평화통일자문회의 유럽·아세안·러시아 등 해외 자문위원과 '통일 대화' 시간을 갖고 북한을 지옥으로 묘사하며 김정은 정권의 인권상황에 대해 맹비난했다. 박 대통령이 북한을 지옥으로 언급한 것은 이번이 처음이다. 박 대통령은 국내에서 북핵·미사일 위기가 당면한 상황에서 박 대통령의 '압박 일변도' 대북정책에 대해 우려의 목소리가 나오는 것과 관련해 "북한 정권의 눈치를 보면서 북한 주민들을 방치하는 것"이라고 비판했다. 박 대통령은 "독일의 통일 과정을 연구해온 많은 학자들은 서독이 동독에 대해 주민 인권 개선을 일관되게 요구하고 동독 주민들에게 정보를 전달해 자유와 인권 의식을 높인 것이 통일의 중요한 밑거름이 되었다고 말하고 있다"고 밝혔다. 박 대통령은 '핵포기와 생존'을 놓고 양자택일할 것을 압박하고 있는 상황이다(이홍종 2016, 26-27).

한국에서 핵·미사일 위협에 대비하기 위해 도입하는 미국의 종말단계고고도미사일방어체계(THAAD·사드)에 대해선 김정은 정권은 "꿰진 쪽박"이라고 폄하하며 자신들의 군사 위협을 무마할 수 없을 것이라는 주장을 내놓고 있다. 한국 내 소위 '평화운동가'란 사람들은 사드 배치에 반대하면서도 사드 배치를 불러온 북한 핵무장에 대해서는 일언반구도 없다. 그리고 중국이 한국을 겨냥해 지린(吉林)·산둥(山東)·랴오닝(遙寧)성 등에 배치한 미사일에 대해서도 마찬가지로 일언반구도 없다. 사드의 한국배치는 북한의 핵과 미사일 등 대량 살상무기 도발위협에 대한 불가피한 방어수단이다. 북한 핵과 미사일 도발위협에 대한 사드배치는 국민생명과 국가안전을 위한 최선의 결단이며 생존의 선택이다. 사드가 배치될 경우 북한 사거리 3,000km급 이하 단거리 중, 장거리 미사일 체계를 요격할 수 있다. 고도 40~50km에서 북한 탄도미사일의 직접 파괴는 물론, 잠수함발사 탄도미사일(SLMB)을 요격 가능하다는 점에서 사드배치는 안보와 국익을 위한 필요한 대안이다. 물론 사드로서 충분한 것은 아니지만 우선 군사적 뿐 아니라 정치외교적으로도 필요한 조치이다. 사드배치로 인한 전자파 후유증과 관련해 미국이 괌의 미군 앤더슨 공군기지에 배치된 사드포대를 우리 국방부 관계자들과 언론에 공개했다. 전자파 측정을 실시한 결과 1.6km떨어진 곳에서 전자파 허용 기준치가 0.007%에 불과한 것으로 나타났다. 중국은 한국의 사드 배치 논의에 대해 "깊은 우려"를 표명하고 있다. 그러나 북핵은 중국에 있어 '주변지역의 불안정을 야기하는 불편한 문제이자 중국의 지도력을 훼손하는 불쾌한 문제'이지만 한국에는 '죽고 사는 문제'이다. 사드가 배치될 경우 수반되는 X-밴드 레이더의 탐지거리를 두고 중국이 "한국은 신중하라"고 경고하는 것은 형평성을 무시한 대국논리일 수밖에 없다. 정부는 이런 시비에 대해 안보주권 논리로 대응해야 한다(이홍종 2016, 28).

미국은 지금까지 한국에 핵우산을 제공해주고 대신 한국의 핵무장은 물론 핵확산금지조약(NPT)이 금지하지 않는 농축과 재처리까지 만류하는 반(反)확산 정책을 펼쳐왔다. 그러나 북한이 실제로 핵을 사용하지 않는 상태에서도 '핵 그림자'를 앞세우고 도발을 일삼거나 남북관계를 지배하려고 한다. 북한의 불안정과 불확실성은 국제적 고립을 자초한 핵개발의 퇴행적 노선을 포기할 때만 해소될 수 있다. 2015년 8월 목함지뢰 도발로 야기된 위기상황에서 우리 국민들의 일치된 단결에 북한이 굴복했듯이 현재의 한반도 위기도 국민들의 단합이 가장 중요하다(이홍종 2016, 28-29).

Ⅳ. 미국 트럼프 신행정부의 한반도정책

도널드 트럼프는 선거를 앞두고. 링컨이 민주주의에 관한 유명한 연설을 했던 케티스버그에서 ≪트럼프의 국민과의 약속 100일 계획≫을 발표하였다. 불구가 된 미국을 개혁하여 다시 위대하게 만들기(Make America Great Again) 위해서였다. 뉴욕타임스, CNN, 워싱턴포스트를 비롯한 미국 언론들은 클린턴을 일방적으로 편들었다. 트럼프는 언론에 눈치를 보는 대신 언론과 정면대결로 승부를 걸었다. 자극적이고 선정적이면 기사를 쓰는 언론의 속성을 최대한 활용한 것이다. 멕시코국경에 벽을 세워 이민문제를 해결한다든지 IS 격퇴를 강조하면서 무슬림에 대한 비하발언을 한다든지 여성후보인 힐러리를 감옥에 보낸다고 한다든지 하는 발언은 매우 자극적이다. 언론은 이를 대대적으로 보도하고 비난했다. 그러나 그 내용을 보면 모두 미국인, 특히 백인 중산층들이 듣고 싶어 하는 말들이다. 트럼프는 당선 후 비서실장에 공화당 전국위원장 라인스 프리버스(44), 국가안보보좌관에는 전 중앙정보국장(DIA) 마이클 플린(57)을 내정하여 자신의 강성 이미지를 완화시켰다. 트럼프는 독일, 사우디아라비아, 일본과 함께 한국에 대하여 방위비부담을 요구하여 우려를 자아내 왔다. 이 네 나라는 미국의 핵심우방이다. 한국 정부와 국민이 미국의 확고한 우방임을 의심받게 하지 않는 한 한미관계는 트럼프 정부 아래서 더욱 돈독해질 수 있다(정천구 2016).

트럼프의 국제 정치 세계에서 우방은 중요하다. 트럼프의 책 '불구가 된 미국'을 보면, 우방들이 미국의 약속을 의심하지 않을 정도로 확고한 신뢰를 주겠다는 것이 트럼프의 생각이다. 하지만 '미국을 다시 위대하게' 만드는 데 기여하는 나라라는 전제 조건이 달려 있다. 우방과 공유하는 가치보다는 미국의 이익을 앞세우겠다는 뜻이다. 트럼프는 다자보다는 양자 관계를 선호한다. 트럼프의 이런 성향에 맞게 움직인 나라가 일본과 대만이다. 일본의 아베 총리는 갑자기 뉴욕으로 날아가 트럼프를 만났고, 대만의 차이잉원(蔡英文) 총통도 트럼프와 통화해 미국의 '하나의 중국 정책'을 흔들었다. 권력 공백 상태인 한국 정부는 미국의 새 정부 출범에 할 수 있는 일이 별로 없다. 한·미 동맹의 중요성을 다짐받고 북핵 문제의 우선순위를 높여 다뤄달라고 사정할 뿐이다. 과감하게 판을 흔들겠다는 트럼프 행정부의 등장에 다들 자신들에게 유리한 새판 짜기에 나서는데 한국 정부는 현상 유지도 버거운 판이다. "한국에서 어떤 일이 일어나도, 누가 다음 대통령이 돼도 한·미 동맹은 튼튼하다"는 미국 정부의 반복된 메시지는 탄핵 정국에서 동맹을 위해 해줄 수 있는 유일한 지지이다(강인선 2016).

중국은 고고도미사일방어체계(THAAD) 배치 결정을 빌미로 일찍이 전방위적인 압박과 보복에 나선 가운데 여론전도 본격화했다. 김정은은 2017년 1월 1일 육성으로 발표한 신년사에서 "ICBM 시험

발사 준비 사업이 마감 단계"라고 주장했다. 도널드 트럼프 미 대통령 당선자는 이튿날 "그럴 일은 일어나지 않을 것"이라며 북한의 ICBM 개발을 억제하겠다는 의지를 분명하게 표명했다. 북한의 외무성의 1월 8일 담화는 결과적으로 트럼프 당선자에 대한 반격인 셈이다. 북한이 ICBM으로 한국과 미국은 물론 세계를 조롱하는 판에 중국이 한국의 사드를 반대하고 철회를 강요하는 행태는 내정간섭일 수밖에 없다. 북한이 실제로 핵을 사용하지 않는 상태에서도 '핵 그림자'를 앞세우고 도발을 일삼거나 남북관계를 지배하려고 한다. 북한의 불안정과 불확실성은 국제적 고립을 자초한 핵개발의 퇴행적 노선을 포기할 때만 해소될 수 있다. 2015년 8월 목함지뢰 도발로 야기된 위기상황에서 우리 국민들의 일치된 단결에 북한이 굴복했듯이 현재의 한반도 위기도 국민들의 단합이 가장 중요하다.

V. 결론

통일(통합)의 방법은 세 가지가 있다. 첫째 기능주의는 경제, 문화 등 '비정치적인' 것들로 통합을 추진하면 파급효과에 의해 '정치적인' 것들도 통합의 방향으로 간다는 접근법이다. 남북경제교류, 스포츠교류 등을 하다 보면 신뢰가 쌓여 군축 등 정치적인 문제도 풀려갈 수 있다고 보는 접근법이다. 둘째 연방주의는 '정치적인' 문제를 먼저 해결하면 '비정치적인' 문제들도 쉽게 해결된다고 보는 접근법이다. 셋째 신기능주의는 기능주의와 연방주의를 합친 접근법이다.

남북경제교류, 스포츠교류 등 기능주의적인 조치로 남북관계가 발전하다 어느 순간 정체되면 연방주의적인 조치인 남북고위당국자회담 등을 추진해야 남북관계가 계속 진척될 수 있다. 이것이 신기능주의이다.

소위 "퍼주기"라는 김대중 정부의 화해협력정책(포용정책, 햇볕정책)은 기능주의적인 방식으로 처음에는 필요하지만 나중에는 신기능주의 방식인 '상호주의'로 넘어가야 한다. 강경정책으로 평가되는 이명박 정부의 대북정책이 상호주의 방식이라고 볼 수 있다. 김대중 정부에서 시작된 협력정책의 잘못된 점은 두 가지가 있다. 첫째 지원된 물품이 제대로 북한의 민간인들에게 전달되었는지 검증이 안 되었다. 둘째 금강산관광비의 일부와 개성공단임금 전부가 달러로 전달되어 북한 독재정권의 비자금(핵무기 개발비 등)으로 되었다.

박근혜 대통령은 튼튼한 국방력과 국제협력을 바탕으로 대한민국의 주권과 안전을 확실히 확보하고 일관되게 한반도 신뢰프로세스를 통해 행복한 통일을 지향하고 있다. 지금 우리가 처한 안보 상황이 너무도 엄중하여 북한 핵에 대한 확실한 억지력을 갖추어야 한다. 김정은이 권력을 잡은 이후 북한 체제의 불확실성은 어느 때보다 커졌다. 미국은 물론 중국에서도 북 급변 사태 가능성이 공공연하게 거론될 정도다. 한반도 신뢰프로세스는 일종의 균형 정책이다. 균형정책은 중간적 입장을 취하는 것이 아니라 강경할 때는 강경하게, 유화적일 때는 유화적으로 한다는 입장이다.

한미 양국은 강력한 대북제재와 고고도 미사일방어체계 사드

(THAAD)의 주한미군 배치를 결정하였다. 한미양국은 북한의 도발에 대비해 전략적 자산 추가배치나 핵우산의 실효성 증대 등을 통해 북한뿐 아니라 중국을 함께 압박할 가능성이 매우 높아졌다. 북핵은 중국에 있어 '주변지역의 불안정을 야기하는 불편한 문제이자 중국의 지도력을 훼손하는 불쾌한 문제'이지만 한국에는 '죽고 사는 문제'이다. 한국 정부는 안보주권 논리로 대응해야 한다.

트럼프의 국제 정치 세계에서 우방은 중요하다. 트럼프의 책 '불구가 된 미국'을 보면, 우방들이 미국의 약속을 의심하지 않을 정도로 확고한 신뢰를 주겠다는 것이 트럼프의 생각이다. 하지만 '미국을 다시 위대하게' 만드는 데 기여하는 나라라는 전제 조건이 달려 있다. 우방과 공유하는 가치보다는 미국의 이익을 앞세우겠다는 뜻이다. 트럼프는 다자보다는 양자 관계를 선호한다.

한반도 신뢰프로세스가 성공하고 '통일 대박'이 되기 위해서는 우선 통일이 북한에도 대박이라는 것을 설득해야 한다. 그리고 통일에 무관심한 우리의 청소년들에게 그들에게 통일이 대박이 될 것이고 청소년들에게 통일이 더욱 절실한 것이라는 것을 설득하고 교육해야 한다.

참고문헌

강인선(2016), "트럼프는 한반도에 별로 관심 없다는데…"
http://blog.daum.net/essayistmschoi/11394911(검색일: 2016. 12. 31).

김일기(2016), “북핵문제와 미·중 간의 갈등과 협력,”『반만년의 우리 역사와 호국』(2016 호국안보세미나 2016, 11. 10, 원광대), 5-14.

김창수(2013), “북한 핵문제와 한미동맹,”『제23차 부산평화통일포럼』(2013.5.23. 부산광역시 상수도사업본부 대회의실).

민주평화통일회의(2016), “국제사회의 대북제재”『2016년자문위원연수』서울: 민주평화 통일자문회의.

박영호(2016), “미국 새 정부의 동아시아 정책 전망과 한국의 대응,”『Global Strategy』(2016. 12), 4-21.

이홍종(2008), “구성주의 이론에 비추어 본 유럽통합과 한반도통일,”『한국동북아논총』13권 3호.

이홍종・이성수(2009), “이란핵문제와 북한핵문제 비교연구-미국의 대북 대이란 핵문제에 대한 인식을 중심으로-,”『한국이슬람학회논총』19권 1집.

이홍종(2010), “제3차 남북정상회담의 추진 배경과 전략,” 세종연구소 제22차 세종국가전략포럼 프로시딩(2010. 4. 15. 한국프레스센터 국제회의장).

이홍종(2010), “남북정상회담과 이명박정부의「그랜드 바겐」정책,”『기독교와 통일』4권.

이홍종(2014), “박근혜정부의 대중국정책과 한중관계의 과제,”『中國學』48집.

이홍종(2015), “박근혜정부의 한반도신뢰프로세스 정책,”『정치・정보연구』18권 1호.

이홍종(2015), “외교전략”『Global Strategy』(2015. 3).

이홍종(2016), “김정은의 성공한 도박 되물리기: 북한의 비핵화,”『통일 한국을 위한 실천적 과제I』(여의도연구원 통일정책연구원 토론회 2016. 11. 3. 국회의원회관 제2소회의실), 15-29.

이홍종(2016), “중국의 사드 반대에 대해 우리는 안보주권 논리로 대응해야 한다,” 동아시아국제정치학회『뉴스레터』(2016년 가을호) “회원논단”

정천구(2016), “트럼프의 인생과 정치”『실버타임즈』(2016. 12. 1)

한국정보화진흥원(2016),『2016 국가정보화백서』.

현대경제연구원(2016), “북핵 논의 27년과 5차 핵실험,”『경제주편』, 16-39.

Doyle, Michael(1993), “Politics and Grand Strategy,” in Richard Rosecrance and

Arthur A.

Stein, eds. *The Domestic Bases of Grand Strategy*. Ithaca and London: Cornell University Press. pp. 22-40.

Etzioni, Amitai(1975), *A Comparative Analysis of Complex Organizations: On Power, Involvement, and Their Correlates*(Revised and Enl ed.). Free Press.

Etzioni, Amitai(1990), *The Moral Dimension: Toward a New Economics*. Free Press.

Etzioni, Amitai(1998), *The New Golden Rule: Community and Morality in a Democratic Society*(Reprint ed.). Basic Books.

Etzioni, Amitai(2004), *From Empire to Community: A New Approach to International Relations*. Palgrave MacMillan.

Etzioni, Amitai(2007), *Security First: For a Muscular, Mora Foreign Policy*. Yale University Press.

Goldman Sachs(2007), "Brics and Beyond."(November)

Mitrany, D. 1966(1943), *A Working Peace System*. Chicago: Quadrangle books.

Nye, Joseph S., Jr.(2006), *Power Game*. Perseus.

Nye, Joseph S., Jr.(2012), *The Future of Power*. Perseus Pr.

Nye, Joseph S., Jr./Welch, David A.(2012), *Understanding Global Conflict and Cooperation: An Introduction to Theory and History*(9th ed.). Pearson Academic.

Park, Geun-hye(2011), "A New Kind of Korea: Building Trust Between Seoul and Pyongyang." *Foreign Affairs*. Vol.90, No.5.

아베정권의 집단적 자위권 성립과 동북아*

손 기 섭**

Ⅰ. 서론

집단적 자위권의 행사와 자위대 활동반경의 확대를 규정한 일본의 '안전보장관련법'(이하 '신안보법')이 2016년 3월 29일 발효되었다. 2015년 9월 아베정권은 11개의 신안보법을 참의원에서 통과시킨 후 약 6개월 만이다. 아베 일본정부는 2014년 7월에 집단적 자위권 행사를 허용하는 헌법해석의 변경을 기폭제로 하여[1], 2015년 4월 하순 워싱턴 방미에서 오바마 대통령과 새로운 '미일 방위협력지침'에 합의하였다. 이후 아베 수상의 지휘 하에 연립여당인 자민당과 공명당이 제휴하여 중의원과 참의원에서 7월과 9월에 각각 신안보법을 강행 통과시켰던 것이다.

이로써 일본은 그동안 유지해 온 전수방위원칙을 폐기하고 보통

* 이 논문은 동아시아국제정치학회의 학회지인『국제정치연구』제19집 2호(2016)에 게재된 필자의 논문을 보완 가필한 것임.

** 부산외국어대학교 외교학과 교수

1) 日本政府内閣官房、「国の存立を全うし国民を守るための切れ目のない安全保障法制について」、 http://www.cas.go.jp/jp/gaiyou/jimu/pdf/anpohosei.pdf(검색일:2016. 10. 10.)

국가로서 '전쟁이 가능한 국가'로 한발 더 다가서게 되었다. 일련의 신안보법이 성립되고 발효됨에 따라 일본은 법률적으로나 실무적으로 '전쟁이 가능한 나라, 혹은 적어도 동맹국인 미국이 전쟁을 할 수 있도록 도울 수 있는 나라'가 된 것이다. 일본 정부는 미국 등 '밀접한 관계가 있는 타국'에 대한 무력 공격이 발생한 상황에서, 일본의 존립이 위협을 받아 국민의 권리가 근본적으로 뒤집힐 수 있는 '존립위기사태'가 발생했다고 판단할 경우, 집단적 자위권의 발동시킬 수 있는 법적 행사가 가능해졌다.

또한 자위대는 과거의 '주변사태법'을 개정한 '중요영향사태법'과 새로운 신설법인 '국제평화지원법'에 따라 일본 주변을 넘어 전 세계에서 미군 등 타국 군대의 후방 지원이 가능해졌다. 앞으로는 세계 어디서나 국제평화를 위해 필요하다고 판단하면, 타국군대를 후방지원 할 수 있는 법적 태세를 갖춘 것이다.

본고는 과연 이번 2015년에 성립되고 2016년 3월에 발효된 아베정권 하의 '신안보법'의 성립과정과 법안 내용의 특징이 무엇인지 밝히고자 하며, 나아가 일본의 신안보법의 성립과 내용에 대해 동북아 주요 각국인 미국, 중국, 한국, 북한 등의 반응과 정책대응을 분석하는데 연구목적을 둔다.

분석의 틀은 신안보법의 성립을 둘러싼 정치과정, 법안내용, 정책대응의 세 변수를 분석하는 것이다. 첫째변수는 아베정권의 정치과정이다. 아베정권은 어떠한 이념과 구도 하에 집단적 자위권을 인정하고 이를 위한 안보법제를 국내정치과정 속에서 어떻게 설정하는가에 대한 분석이다.[2] 둘째변수는 신안보법의 법안내용의 분석이다. 신안보법은 어떠한 내용으로 구성되어 있으며, 그 특징이 의미하는 바가 무엇인지 그리고 그 주요 쟁점은 어떤 모습인지 밝히는 것이다. 셋째변수는 동북아 주요 각국의 정책대응이다. 신안보법의 핵심내용을 이루는 집단적 자위권의 주요 축이 미국과의 안보동맹에 있어서의 일본의 행동패턴을 결정하는 문제이다. 따라서 가장 강력한 파트너가 미국이 되는 것인 바, 미국의 반응과 정책대응이 어떻게 나타나는 것인지 분석한다. 또한 21세기 2010년대에 들어 G2로서의 동북아 신흥대국인 중국의 반응 역시 중요하다. 나아가 2016년 현재 국제사회의 안전과 평화의 최대위협이 된 '북핵 위협'의 당사국인 북한과 그리고 대한민국의 입장과 반응 및 정책대응을 살펴보아야 할 것이다.

신안보법 성립의 정책과정의 직접적인 주요 행위자는 아베정권의 수상관저와 외무성, 방위성 및 국회 핵심 파트너인 자민당과 공명당이다. 그 외 국내정치과정에 내압으로서 작용하는 요인은 언론, 야당, 여론 등이며, 국제환경요인으로서는 미국, 중국, 한국의 요인이 중요하다.

---

2) 아베수상이 어떠한 정치이념 하에서 신안보법을 추진하였는가는 많은 논문과 언설에서 언급하고 있다. 90년대의 보통국가화를 지향한다는 관점, 21세기의 새로운 아이덴티티의 모색이라는 관점, 우경적 역사수정주의적 관점 등 다양할 수 있다. 細谷雄一、「総理談話と平和安全法制ー新しいアイデンティティの模索」『防衛学研究』第54号(2016.3).

Ⅱ. 아베정권의 정치과정과 '신안보법'의 내용

1. 아베정권의 신안보법의 정치과정

2009년 여름에 탄생하여 3년 4개월간 유지된 민주당정권은 2009년 하토야마정권, 2010년 간 나오토 정권, 2011년 노다 요시히코 정권 등 각 정권이 거의 1년 정도의 단명정권으로 끝난 기대에 못 미친 정권이었다. 외교안보적 면에서만 보더라도 하토야마정권은 미국과의 오키나와 공군기지 이전마찰, 간 나오토 정권은 중국과의 동중국해 분쟁, 노다정권은 한국과의 불협화음 등 다수의 문제점을 노정시켰다.

민주당정권에 뒤이어 2012년 12월 중의원 선거에서 대승함으로써 아베 제2기 정권이 성립하게 되었다. 아베정권의 탄생은 일본정치의 총체적 보수화가 현저해진 현상으로서 아베 수상은 국방군을 보유하고 집단적 자위권을 공약함으로써, 일본의 보통국가화를 지향할 것으로 파악되었다.[3)] 첫째, 아베정권은 평화헌법의 개정을 고유한 사명으로 여기고 있으며[4)], '적극적 평화주의'를 주장했다. 제2차 내각에서 채택된 아베정권의 '적극적 평화주의'는 『국가안전보장전략』[5)] 제3항에 명시되어 있다.

---

3) 아베정권은 종국적으로는 개헌을 통해 전후테제로부터의 탈각과 보통국가화를 지향할 것으로 파악되었다. 조양현, "제2차 아베내각 출범 이후 일본 정국 및 대외관계 전망", 국립외교원『주요국제문제분석』 No. 2012-46 (2013).

4) 아베수상은 자신의 지역구인 야마구치현을 방문하여 행한 연설에서, "가까운 미래에 헌법개정을 향해 매진할 것이다. 이것이 나의 역사적인 사명이다"라고 본심을 드러냈다. 『朝日新聞』 2013年8月12日

5) 内各官房、「国家安全保障戦略について」(国家安全保障会議決定　閣議決定, 2013.12.

> "우리나라(일본)의 평화와 안전은 일본 일국으로서는 확보될 수 없고, 국제사회도 일본의 국력에 적합한 형태로 국제사회의 평화와 안정을 위해 보다 적극적 역할을 기대하고 있다. (중략) 국제협조주의에 기반한 '적극적 평화주의'의 입장에서 일본의 안전 및 아시아태평양지역의 평화와 안정을 실현함은 물론, 국제사회의 평화와 안정, 번영의 확보를 위해 더 한층 적극적으로 기여해 갈 것이다. 이것이야말로 일본이 내세워야 할 국가안전보장의 기본이념이다."[6]

나아가, 아베정권은 전후 평화헌법의 제도적 규범 하에 유지시켜 온 개별적 자위권을 넘어 동맹국인 미국과의 '집단적 자위권'[7]을 행사하고자 했으며, '적극적 평화주의'라는 이름으로 자위대를 세계 어디든 파병할 수 있는 상태로 만들었다. 헌법해석의 변경, 집단적 자위권 관련 법제의 국회통과, 중참의원 선거의 대승, 개헌, 군대보유로 이어지는 길을 단계적으로 상정한 것이다.

둘째, 아베정권은 2013년 '안전보장의 법적 기반 제 구축에 관한 간담회' 설치(2013.2)와 그 간담회의 최종보고서 제출(2014.5)로, 일본의 집단적 자위권 행사를 용인하는 일본정부의 각의결정(2014. 7.1)을 내리게 된다.[8] 즉, 이것은 일련의 평화헌법 제9조의 기존 헌

17.)

6) '적극적 평화주의'는 2013년 12월 17일 각의 결정된 아베정권의 『국가안전보장전략』의 기본이념임. 비판론 역시 "일본은 전쟁을 하려고 하는가", "망국의 안보정책" 등 거센 목소리로 다수 존재함. 柳沢協二, 『亡国の安保政策 - 安倍政権と積極的平和主義の罠』(岩波書店, 2015).

7) '집단적 자위권'은 "자국과의 밀접한 관계에 있는 외국에 대한 무력공격을 자국이 직접 공격 받고 있지 않음에도 불구하고 실력을 가지고 저지하는 국제법 상의 권리" 일본 내각 법제국의 답변.

8) 종래의 해석은, '필요최소한도의 범위의 자위권의 조치'는 인정하고 있었지만, 1981년의 일본 내각의 각의결정에 의해 집단적 자위권의 행사는 인정되지 않았으며,

법해석의 근본적 변경을 의미했다.[9)]

상기 '간담회'는 일본의 안전보장의 환경변화를 볼 때 기존 헌법해석으로는 대응키 어려우므로 '자위를 위한 필요최소한도의 무력행사'에 집단적 자위권의 행사가 포함되어야 한다고 결론짓고 있다. 헌법해석의 변경에 의한 집단적 자위권 행사 이 외에 유엔 안보리의 결의에 기초한 유엔 주도의 '집단안전보장' 문제에도 해석변경에 의한 참가를 제안하는 등 일본 안보정책의 근본적 전환을 요청했다. 일본과 밀접한 관계에 있는 외국에 대한 무력행사가 일본의 안전에 중요한 영향을 미칠 가능성이 높을 때에는 일본이 공격 받지 않아도 무력 대응할 수 있어야 한다고 보았으며, 또한 유엔의 집단안전보장조치에의 참가, 유엔 PKO 참가, 재외 일본인 구출 등에 필요한 무력행사는 헌법이 금하는 무력행사가 아닌 것으로 보았다. 이러한 내용은 2014년 7월 1일의 일본정부의 집단적 자위권 인정의 각의결정으로 귀결되었다.

> "일본에 대한 무력공격이 발생했을 때뿐만 아니라, 일본과 밀접한 관계에 있는 타국에 대한 무력공격이 발생하고, 이것에 의해 일본의 존립이 위협받아 국민의 생명, 자유 및 행복 추구의 권리가 위협받는 명백한 위험이 있는 경우, 이것을 배제하고 일본의 존립을 지키고 국민을 지키는 다른 적당한 수단이 없는 경우, 필요최소한의 무력을 행사하는 것은 종래

2014년 7월 7일까지 방위성의 홈피에서는 '집단적 자위권의 행사는 인정될 수 없다' 라는 내용이 게재되어 있었다.

9) 집단적 자위권의 각의결정과 관련된 아베정권의 세부적인 정책결정과정은, 이명찬, "일본의 집단적 자위권의 행사용인과 국가노선의 대전환," 『일본연구논총』 Vol.40(2014), pp.171-176 ; 北岡伸一. 『憲法に固執して国家の安全を忘れるなー安全法制懇報告書の意義』『中央口論』2014年6月号

의 정부견해의 기본논리에 기초한 자위를 위한 조치로서 헌법상 허용된다."

셋째, 아베 일본정부는 2014년 12월 중의원을 해산하고 총선거를 실시함으로써 자민당의 안정다수 의석을 확보(475석 중 290석)하였으며, 이후 안전보장관련 일련의 법안을 2015년 5월에 중의원과 참의원에 제출했다. 일본유신회는 이 법안에 찬동했으며, 최대 야당인 민주당을 비롯해 여러 야당은 격렬히 반대하였으나, 민주당은 당내에 찬성파가 함께 존재하여 입장정리에 힘을 발휘하지 못했다.

정부 연립 여당 내 한 축인 공명당이 나름의 존재감을 발휘하기도 했지만 아베수상의 독주를 제어하기에는 역부족이었다. 아베 수상은 처음에는 헌법해석의 변경을 위한 각의결정을 선행시킨 후, 여당협의, 관련법안 정비 등을 진행시켜 나갈 계획이었지만, 공명당의 제어로 공명당과의 정부여당협의회를 선행시키고 각의결정을 뒤로 미루었다. 공명당이 자민당 및 아베내각의 독주를 다소 제어하는 브레이크의 역할을 어느 정도 했던 것이다.[10)]

이 법안들은 야당의 격렬한 반대와 국민들의 상당한 결집에도 불구하고 7월 중의원, 9월 참의원을 통과한 후, 2016년 3월 22일 각의결정 후 3월 29일 발효되었다.

넷째, 신안보법에 대한 반대운동이 결집되어 전개된 점이다. 2012년 재집권 후 아베 내각은 50%를 상회하는 내각지지율을 자랑했지만, 2015년 6월 경 중의원 심의과정에서 헌법학자 3인의 위헌 견해,

---

10) 일본유신회와 민주당의 공명당의 입장에 관해서는 이명찬(2014), pp.172-173.

7월 중의원에서의 법안 강행통과, 9월 참의원 강행통과의 마찰과정을 거치면서, 내각 지지율이 하락했고, 9월 25일의 아시히신문의 여론조사는 지지율 35%, 부지지율 45%를 기록하여 국민들의 다수는 집단적 자위권의 제도화와 발효에 반대하는 경향을 분명히 했다. 안보법제에 대한 반대운동은 주요 추진세력은 '전쟁반대 9조 부수지마 총궐기실행위원회' '자유와 민주주의를 위한 학생긴급행동(SEALDs)' 등이다. 이들의 공통된 비판은 신안보법제가 일본의 '평화주의 및 입헌주의 파괴' 한다는 것이며 또한 '의회민주주의의 부정' 두 가지로 집약된다.[11]

2. 신안보법의 내용과 집단적 자위권

일본의 '신안보법'은 아베정권과 자민당의 주도로 2015년 5월에 각의에서 통과된 뒤, 7월 16일에 중의원, 9월 19일에 참의원을 강행통과한 것으로서, 10건의 법률 개정안인 '평화안전법제정비법'[12]과 1건의 신규 제정법인 '국제평화지원법'[13]으로 구성되었다. 구체적인 내용은 다음과 같으며[14], 이러한 신안보법제의 제정과 개정을 구

11) 신안보법 반대운동의 추진세력의 활동내용과 특징은 박명희. "일본 리버럴세력 동향: 안보법제 반대운동을 중심으로," 국립외교원 『주요국제문제분석』 No. 2015-40 (2015).

12) 약칭이 '평화안전법제정비법'이며, 일본어로는, 「わが国および国際社会の平和及び」安全の確保に資するための自衛隊法などの一部を改定する法律」(略称 : 平和安全法制整備法)

13) 정식명칭은 「国際平和共同対処事態に際してわが国が実施するｓｈ諸外国の軍隊などに対する協力支援活動等に関する法律」이며, 약칭은 '국제평화지원법'이다.

14) 정미애, "일본의 안전보장관련 법제화의 경위와 함의," 『계명대 국경연구단 학술회의』(2014.12.4).

분해서 특징화시키면 <표1>과 같이 된다.

〈표1〉 신안보법의 구분[15]

구분	이전	개정	비고
안보위협	무력공격사태, 주변사태	무력공격사태 존립위기사태 중요영향사태	개정 7건
국제평화활동 (PKO)	유엔 PKO	유엔PKO 활동영역 확대	개정 1건
		다국적군 활동 추가	제정 1건
기타	국제사회에서 자위대 활동영역의 확대 국가안전보장회의(NSC)의 결정사항 확대		개정 2건

1) 자위대법의 개정

2) 무력공격사태법의 개정[16]

3) 미군행동관련조치법의 개정[17]

4) 특정공공시설이용법의 개정[18]

5) 해상수송규제법의 개정[19]

6) 포로취급법의 개정

7) '주변사태법'의 '중요영향사태법'으로의 개정

8) 주변사태선박검사활동법의 개정[20]

---

15) 유웅조, "일본 신안보법의 주요 내용 및 쟁점과 한국의 대응과제," 국회입법조사처, 『이슈와 논점』(2015. 9. 25).

16) 존립위기사태를 포함한 사태대처법으로 확대.

17) 존립위기사태를 포함하여 지리적 범위를 제한하지 않고 미군 및 타 외국군대의 지원조치법.

18) 무력공격사태 등으로 미군 이외의 외국군대도 시설이용조정대상.

19) 존립위기사태 등을 포함하여, 지리적 제한 없이 적성선박이 수송하는 외국군용품 등의 강제검사, 회항조치 규정.

20) 중요영향사태 등 선박검사활동법으로 개정함.

9) 유엔평화유지활동법(PKO법)의 개정

10) 국가안전보장회의설치법(NSC법)의 개정

11) 신규 제정법: <국제평화지원법>

일본의 안전보장과 미일동맹, 유엔 결의에 기초한 국제사회의 평화와 안정에 관한 주요 상황에 따라, 신안보법에 수록된 주요 사태를 분류할 수 있고, 아래의 <표2>는 신안보법의 내용을 분석한 것으로서, 이러한 각 안전보장 사태에 따라 자위대의 행동 내용의 구분과 권한의 범위를 예시하여 제시한 것이다.

〈표2〉 신안보법의 내용[21)]

<table>
<tr><th>사태·대상</th><th>자위대의 행동</th><th colspan="2">자위대의 권한</th></tr>
<tr><td>무력공격사태</td><td>방위출동</td><td colspan="2" rowspan="2">무력의 행사</td></tr>
<tr><td>존립위기사태</td><td>방위출동 - 집단적 자위권의 행사</td></tr>
<tr><td>중요영향사태</td><td rowspan="2">후방지원활동/협력지원활동
수색구조활동/선박검사활동
(현재 전투행위가 일어나고 있는 현장이 아닌 장소이면 활동가능)</td><td rowspan="2">자기보존을 위한
무기사용</td><td rowspan="7">무력의
행사
또는
그 위험</td></tr>
<tr><td>국제평화공동대처
사태
(국제평화지원법)</td></tr>
<tr><td>국제평화협력
(PKO협력법개정)</td><td>유엔평화유지활동/
국제 연계 평화안전활동(신설)
(안전확보업무, 긴급경호업무 등 위험한 업무를 확대시킴)</td><td>자기보존을 위해 무기사용/임무수행을 위해 무기사용</td></tr>
<tr><td>재외일본인의 생명 등 긴급사태(자위대법)</td><td>재외일본인의 구출 등
(지금까진 수송업무만)</td><td></td></tr>
<tr><td rowspan="2">그레이존사태
(무력공격은 아니나 심각사태, 섬 공격 등)</td><td>미군 등의 무기 등의 방호
(지금까진 자위대 무기방호만 함)</td><td>동맹국, 다국적군 등 무기방호 등을 위해 무기사용</td></tr>
<tr><td>치안출동/해상경비행동
(전화각의 등 운용의 신속화)</td><td>무기의 사용</td></tr>
</table>

21) 다수의 일본 자료를 참조하여 필자 작성.

이 신안보법은 다음 다섯 분야가 새로이 추가되거나 변경된 것이다.

첫째, 집단적 자위권 행사를 포함한 '존립위기사태'에의 대응을 규정한 사태대처법을 중심으로 하는 유사법제가 제정되었다. '존립위기사태'란 '일본과 밀접한 관계에 있는 타국에 대해 무력공격이 발생하여, 이로 인해 일본의 위협 받고, 국민의 생명과 자유 및 행복추구의 권리가 근저로부터 전복될 명백한 위험이 있는 사태'를 말한다.[22] 이러한 경우에는 비록 일본이 직접 무력공격을 받은 것은 아니지만, 집단적 자위권의 차원에서 무력행사가 가능하다는 것이다. '무력공격사태'의 무력행사는 일본의 영역에서 이루어지는 반면에, '존립위기사태' 시의 무력행사는 해외에서 이루어지는 것이 그 특징이다. 지금까지 헌법 제9조의 관계로 해외에서의 무력행사는 인정되지 않았지만, 이제 집단적 자위권이 발효됨에 따라 해외에서 무력행사가 가능해졌다.

둘째, 이제까지의 '주변사태'가 변화되어 새로이 '중요영향사태'라는 개념이 도입되어, '주변사태법'이 '중요영향사태법'으로 개정되었다. '중요영향사태'란 일본에 대한 무력공격이 발생한 것은 아니지만, '그대로 방치하면 일본에 대한 직접적 무력공격으로 연결될 우려가 있는 사태 등 일본의 평화와 안정에 중요한 영향을 미치는 사태'를 말한다.[23] '중요영향사태' 시에는 미군과 기타 외국군에 대한

---

22) '존립위기사태'는 일본어로 보면, 일본 '사태대처법' 제2조 정의에서 'わが国と密接な関係にある他国に対する武力攻撃が発生し、これによりわが国の存立が脅かされ、国民の生命、自由及び幸福追求の権利が根底から覆される明白な危険がある事態'라고 하고 있음.

23) '중요영향사태안전확보법' 제1조에서 '중요영향사태'는 'この法律はこのまま放置すればわが国に対する直接の武力攻撃に至る恐れがある事態などわが国が国の平

후방지원활동이 가능하며, 주변사태 시의 '지리'적 개념이나 '사태의 성질' 개념이 완전히 폐지되었다.

셋째, '국제평화공동대처사태' 대처를 위한 '국제평화지원법'이 새로 신설된 점이다. '국제평화공동대처사태'란 '국제사회의 평화와 안전을 위협하는 사태로서 그 위협을 제거하기 위해 국제사회가 유엔의 목적에 따라 공동대처활동을 하며, 여기에 일본이 국제사회의 일원으로 주체적이고 적극적으로 기여할 필요가 있는 경우'를 말한다. 이를 위해 '국제평화지원법'이 신규로 제정되었다. '국제평화공동대처사태' 시에는 유엔결의를 전제로 외국군에 대한 후방지원활동이 가능하다.

넷째, '유엔평화유지활동법'(PKO협력법)의 개정되어, 일본의 국제평화협력 업무가 크게 확대된 점이다. 일본이 참가할 수 있는 글로벌 차원의 국제안보활동 범위를 더욱 확장하였고, 국제평화활동 전개 시에 미군뿐만 아니라 우방관계에 있는 타국군에 대해서도 후방지원활동을 강화한다는 내용을 포함시켰다.

다섯째, '그레이존사태' 대처를 포함한 자위대법의 광범한 개정이 이루어졌다. 평시 안보태세의 강화 차원에서 미군 및 여타 외국군의 무기 등에 대한 보호활동[24], 해외에서 일본인 구출활동, 낙도 주변에 출현한 외국의 무장집단에 대한 대응활동인 '그레이존사태' 등이 가능하도록 법적 제도화가 이루어졌다.

和及び安全に重要な影響を与える事態'.

24) 경계감시 근무나 공동훈련 중인 미군함정 보호 등의 활동을 말함.

Ⅲ. 신안보법의 국내외적 쟁점

1. 미일동맹 하의 '집단적 자위권' 도입

'신안보법'의 성립과 발효로, 일본은 명실 공히 미일동맹 구조 속에서 집단적 자위권을 발동할 수 있게 되었다. 다음 두 가지 경우가 상정될 수 있다.

첫째 집단적 자위권은 기본적으로 '존립위기사태' 시에 발동될 수 있다. 일본정부의 신안보법은 '무력공격사태법'을 '무력공격사태 및 존립위기사태법'으로 개정하여, 기존의 무력공격사태뿐만 아니라 새로 '존립위기사태'에 대한 일본의 대응조치를 법제화하였다. 즉, "일본의 존립이 위협받고 국민의 권리가 위협받을 권리가 위협받을 명백한 위험이 있는 경우"를 '존립위기사태'로 규정하여 자위대가 출동하여 무력행사를 할 수 있도록 한 것이다.[25] '존립위기사태'는 일본의 안보에 직접적인 영향을 미치는 사태로서 일본 내외를 구분하고 있지 않으므로 그 위기상황이 일본 영역 외에서 발생할 수 있음을 상정하고 있다.

둘째, '중요영향사태' 시에 집단적 자위권이 발동이 고려될 수 있을 것이다. '신안보법'은 대만사태나 한반도 유사사태 등을 염두에 두었던 '주변사태법'을 개정하여 '중요영향사태법'으로 대체하였

---

25) 일본정부는 집단적 자위권의 행사가 가능하도록 법적 조치를 취했지만, 실제로는 매우 제한적인 범위 내에서 집단적 자위권의 행사가 허용될 뿐이라고 말하고 있다. 집단적 자위권은 밀접한 관계에 있는 타국을 지원하기 위해 무력행사를 하는 것이므로 자국에 대한 위협이 존재하지 않은 경우에도 가능하지만, 일본은 자국에 대한 명백한 위협이 있는 '존립위기사태'의 경우에 한하여 집단적 자위권의 행사가 허용된다는 입장이다.

다. '중요영향사태법'은 일본에 중대한 영향을 줄 수 있는 사태가 발생할 시 일본주변에 제한 받음이 없이 세계 어느 곳이든 자위대가 미군 등 타 외국군대를 후방지원을 할 수 있도록 조치하고 있다. 즉 동맹국인 미국이 공격을 받을 경우, 일본정부 및 국회의 판단에 따라 자위대의 출동과 무력행사 및 후방지원활동이 가능한 바, 그동안 논란이 되어 왔던 '집단적 자위권'을 구체적으로 법제화한 것이다. 이 경우 타국 영역에서의 무력행사는 '존립위기사태'를 근거로 하여 발동될 수 있고, 후방지원활동은 '중요영향사태'를 근거로 발동될 수 있다.

2. 기존의 '전수방위원칙'의 폐기

'신안보법'의 국회통과로 인한 집단적 자위권의 제도화는 일본이 전후 일관되게 유지해온 '전수방위원칙'[26]을 사실상 폐기한 것을 의미한다. 전후 일본 평화헌법의 핵심은 헌법 제9조이다. 헌법 제9조 제1항은 국제분쟁의 해결수단으로서 무력행사를 행사하는 것을 금지시켰으며, 또한 이를 위해 제2항에서는 군대의 보유와 교전권의 행사를 금지시켰다. 이는 현 일본헌법 하에서는 타국으로부터 직접 무력공격을 받았을 때에만 '자위권'을 발동할 수 있도록 한 '전수방위원칙'을 벗어나지 못하는 것으로 인식되었고 전수방위원칙은 일본 방위정책의 근간이었다. 그런데, 이 원칙이 집단적 자위권의 도입

26) '전수방위원칙'이란, 일본헌법 제9조에 의거하여, 일본이 타국으로부터 무력공격을 받았을 때 필요 최소한의 범위에서 방위력을 행사한다는 일본의 방위관련 주요 안보정책을 말한다.

과 자위대의 활동반경의 확대로 사실상 무너지게 된 것이다.

그 이전에는 일본정부는 헌법 제9조 하에서는 일본이 무력공격을 받지 않은 상황에서는 일본이 동맹국 등을 위해 무력행사를 사용하는 것이 허용되지 않는다고 명시했다.[27] 2013년도 방위백서에서는, 집단적 자위권은 헌법 제9조 하에서는 허용되지 않는다고 규정되었으나, 2014년 판 방위백서에서는 헌법 상 허용될 수 있다고 했다.

3. 자위대 출동의 활동범위의 확장

이번 신안보법의 성립으로 자위대의 활동영역이 동북아시아 주변사태에 머물지 않고 전 세계적 범위로 확대되었을 뿐만 아니라, 또한 활동내용도 '전쟁을 할 수 있는 실질적 군대' 내지 '전쟁을 지원할 수 있는 실질적 군대'로 성격과 범위가 확장되었다. 즉, '자위대법'의 개정과 '중요영향사태법'으로 인해 자위대의 활동영역이 매우 확대되었다. 일본 주변지역이라는 표현이 삭제되었고 미군에 한정된 지원대상도 외국군대에까지 확대되는 등, 자위대의 활동반경이 확장되었다. 또한 전시와 평시 중간상태인 그레이존 사태 때에도 자위대를 출동시켜 대응할 수 있도록 조치했다.

자위대의 활동영역이 확대되어 다양한 형태로 미군 등의 후방지원활동이 가능해졌다. 종래의 자위대는 비전투지역에 한정되어 후방지원활동을 하였지만, 이제는 "현재 전투행위가 행해지고 있는 현

27) 第19回衆議院外務委員会9号20頁(http://kokkai.ndl.go.jp/cgi-bin/KENSAKU/swk_disdoc.cgi? : 검색일 : 2016.10.10.) 및 第34回参議院予算委員会23号24頁、法制局局長。

장 이외"로 활동범위가 확장되었다.[28] "위험이 있으면 활동중지, 철수"라고 규정되었지만 위험 여부에 대한 판단은 현장 지휘관이 하게 되어 명백한 기준이 없고 애매한 것이 사실이다.[29]

자위대법의 개정은 자위대 임무의 총괄규정(제3조), 그리고 그것을 근거로 하는 개별 자위대의 행동(제6장) 내지 권한 등의 규정개정과 신설이 이루어졌다. 10개 안보법제의 활동과 연관되는 관계 법률의 개정 등 여러 조항이 신설되거나 개정되었다. 구체적으로 다음과 같은 내용이다.

- 존립위기사태시의 집단적 자위권의 도입
- 중요영향사태 시의 미군 등 타국군 지원 후방활동
- 국제평화공동대처사태 시 자위대 활동 확대
- PKO활동 확대
- 재외일본인의 보호조치(구출) 규정과 그때 필요한 무기사용규정의 신설
- 미군 등의 외국군대에 대한 무기 등 방호를 위한 무기사용규정의 신설
- 미군에 대한 물품, 역무 제공의 확대

28) 아베정권은 2015년 5월에 국회에 법안을 제출해 4개월만에 중의원과 참의원 양원 모두 통과했다. 야당은 '헌법위반, 전쟁법안'으로 본다고 파악한다. 안보법 시행으로 일본자위대가 변신하는 모습은 한국과 동아시아에 충격적이다. 이에는 미중간의 각축과 일중 간의 세력전이 현상이 숨어있지만 한일 간은 신뢰가 부족한 상황이다. "안보법 시행으로 일본 자위대 충격 변신" 『중앙일보』 (2016. 5. 1).

29) 자위대의 활동조건 및 영역이 확대됨에 따라 자위대의 위험이 증대되는 것은 명백하다.

- 국외범죄규정의 신설
- 그레이존사태

4. 평화헌법에 대한 '위헌성'

민진당이나 공산당은 물론이고 90%에 가까운 대부분의 헌법학자들조차도 '신안보법'의 많은 부분이 전후 평화헌법에 저촉되는 위헌성을 가진 것으로 판단한다. 일본정부는 2014년 7월 1일 집단적 자위권을 허용하는 각의결정 전까지는 일본 헌법도 자주독립국이 당연히 보유하는 '자위권'을 부정하는 것이 아니라고 판단해 왔으며, 자위를 위한 필요최소한도의 실력인 자위대는 헌법 제9조의 2항의 '전력'(군대) 보유에 해당되지 않는다고 보았다. 자위권의 발동은 '일본에 대한 무력공격이 발생했을 때'에, 이를 배제하기 위한 '다른 적정한 수단이 없을 때'에 발동되지만, 그것도 '필요최소한도의 실력행사'에 그쳐야 한다는 자위권 발동의 세 요건을 충족해야 하는 것으로 해석해 왔다.

90년대 초에 PKO활동법이 제정된 이후 자위대의 활동영역의 확대와 더불어 자위대원들의 신변을 보호하기 위해 무기사용이 어느 정도 가능하게 되었지만, 개별적 자위권을 넘어선 무력의 행사나 전투행위 등은 엄격히 부인되는 것으로 여겨졌다.

그런데, 이번 '신안보법'의 성립은 그동안 축적되어 온 일본정부의 헌법해석을 '근본부터 변경'하는 것으로 판단된다. 아베내각은 각의결정문에서 집단적 자위권 행사를 위한 '신 3요건'을 제시했는데, 이는 ①밀접한 관계가 있는 타국에 대해 무력공격이 발생해 일본의 존립이 위협받고, 국민의 권리가 근저부터 뒤집힐 명백한 위협이 있는 경우, ②다른 수단이 없을 때, ③필요최소한도의 실력행사 등이다.

일본의 대부분의 헌법학자들은 집단적 자위권 그 자체가 전쟁행위와 전력보유를 금지한 헌법 제9조 규정과 정신에서 볼 때 매우 '위헌'적인 것으로 판단하고 있다. 뿐만 아니라, 후방지원활동 등에 있어서도, '비전투지역'이라는 제한을 풀었으며, 동맹국에 대한 탄약의 제공 및 임무수행을 위한 무기의 사용을 적극적으로 확장하고 있다. 또한 타국 군대의 무기방호를 위한 무기사용을 인정하고, 자위대의 활동영역을 지구 규모의 글로벌 차원까지 확대하고 있다.

2015년 6월 중의원 헌법조사회에 초청된 저명한 헌법학자 3명 전원은 집단적 자위권의 행사는 위헌이라고 답변했다. 대부분의 헌법학자들은 신안보법이 위헌이라는 의견을 제시한다. 안전보장관련법을 국회를 제출하기 전후의 2015년 7월경의 집단적 자위권 행사에 대한 일본 언론의 여론조사를 보면, 니혼게이자이신문은 찬성 25%, 반대 57%(2015. 6. 26-28), 요미우리신문은 찬성 36%, 반대 50%, 마이니치신문은 찬성 29%, 반대 58%(2015. 7. 4-5)이다. 집단적 자위권이 규정한 안전보장관련법이 발효한 시점인 최근의 여론조사를 보면, 집단적 자위권을 규정한 안전보장관련법에 대한 찬성 35%, 반대 46%이다.[30)]

---

30) 『朝日新聞』 2016.4.12.

5. '신안보법'과 개헌

아베정권은 2016년 현재 개헌작업을 본격적으로 정치일정 속에 포함시키는 안을 강구중인 것으로 보인다. 신안보법의 성립으로 자위대와 헌법 제9조와의 관계가 모순성이 노정되었을 뿐만 아니라, 집단적 자위권 행사는 위헌성의 논란이 매우 크므로 이를 근본적으로 해소하기 위해서는 개헌을 시도하는 수밖에 없다.

한편 무엇보다 아베 수상은 '적극적 평화주의', '아름다운 보통의 국가'를 지향하기 위해 개헌이 아베정권의 고유한 사명이라고 수차 피력하고 있으며, 헌법 개정이 자신의 일생일대의 '라이프 워크'라고 단정 짓는 발언을 하면서 재임 중의 개헌실현을 목표로 하고 있다.[31] 2016년 1월에는 NHK방송을 통해, "개헌을 생각하고 있다. 미래를 향해 책임감이 강한 사람들과 (국회발의에 필요한 중참의원 양원 총의원의) 3분의 2를 만들고 싶다"고 말했으며, 2월에는 참의원 예산위원회 답변을 통해, "(헌법 9조 2항의 개정에 관해) 자위대의 존재를 명기해야만 한다. (개헌은) 자민당이 결성 60년의 비원이다. 포기하지 않고 도전하고 싶다"라고 말한 바 있다.

주요 정당의 개헌에 관한 태도를 보면, 민진당은 9조 개정에는 반대하나 미래지향의 헌법을 국민과 함께 구상한다는 전략적 입장을 취하고 있으며, 일본공산당은 전문을 포함해 모든 조항을 유지한다는 입장이다. 연립내각의 한 축인 공명당은 구체적인 입장을 밝히지

31) 아베 수상은 2006년 제1기 아베내각 때부터 '자주헌법의 제정'이 일본 독립 회복의 상징이자 구체적인 방법이라고 강변했다. 安倍晋三、『美しい国へ』(文芸春秋、2006), 28-29頁。

않으나, 현재 헌법을 토대로 새로운 사실이나 가치를 추가해 간다는 '가헌'(加憲)의 입장을 견지한다. '일본의 마음을 중시하는 정당', '오사카유신회', '생활당' 등은 개헌에 찬성하는 입장이다. 사회민주당, 신당개혁 등은 반대 입장이다.[32)]

Ⅳ. 동북아 주요 각국의 정책대응

1. 미국

이번 아베정권이 주도하여 성립시킨 신안보법제의 통과와 발효는 미일동맹을 더욱 강화하고 돈독히 하는 효과를 지닌다. 아베정권이 미국의 오랜 요청을 본격적으로 받아들인 모습이다.

미국정부는 전후 일본이 평화헌법을 받아들이도록 함으로써 일본이 전쟁을 못하는 나라, 군대를 가질 수 없는 나라로 만들었다. 하지만, 빠르게도 1948년을 전후로 한 미소 냉전구도와 동아시아에서의 한국전쟁 상황 하에서 샌프란시스코 강화조약 교섭 당시부터 일본정부가 개헌을 통한 군대보유를 하도록 정책방침을 변경했다. 평화헌법을 만든 당사자가 5년이 채 지나기도 전에 호헌에서 개헌으로, 비무장에서 재군비로 번복한 것이다. 당시 요시다정권은 국민이 반대한다는 이유로 '전면 재군비'를 거부했지만, 약 18만 명의 자위대를 창설함으로써 호헌 속에서 '점진적 재군비'[33)]를 실현시켜 나갔다.

---

32) 『日本経済新聞』(2016.6.12).

33) 요시다 수상은 비군사화를 토대로 한 미일안보조약을 성립시켰지만, 한국전쟁의

미국의 일본에 대한 집단적 자위권에 대한 요청은 탈냉전기인 90년대와 2000년에 두 번째 전환기를 가진다. 91년도의 걸프전쟁 때 결국 많은 자금을 내면서도 땀과 피를 흘리지 않는다고 국제적 비판[34]에 직면한 일본은 90년대에 유엔 PKO활동협력법, 주변사태법, 그리고 2000년대 9.11 테러 이후에는 고이즈미 정권 때의 이라크부흥지원특별조치법, 자위대법 개정 등을 통해 미국의 요청에 적극 부응하고자 했다.[35]

이번 아베정권의 집단적 자위권을 둘러싼 헌법해석의 변경과 신안보법제의 발효는 미일동맹의 새로운 전환점을 알리는 신호탄으로 보인다. 2010년경부터 '아시아로의 회귀(Pivot to Asia)' 정책과 '재균형'(Rebalancing)[36]을 추진해 온 미국정부는 2015년 4월 아베수상의 집단적 자위권 행사를 적극 환영하면서, 이를 토대로 한 '미일 신가이드라인'을 새롭게 개정했다. 또한 '동북아에서 한미일의 3국의 안보협력은 동북아 안보전략에 필수적'이라며 한미일의 안보협력 강화를 요청해왔다.

발발, 경제성장의 효과 등과 더불어 실제적으로는 1954년 경 자위대를 발족시키는 등 점진적 재군비를 시도한다. 야당과 비판적 언론은 요시다정권과 차후의 자민당의 안보정책을 '속임수 재군비'라고 비판했다.

34) Susan J. Pharr, Japan's Defensive Foreign Policy and the Politics of Burden Sharing, Gerald L. Curtis, ed., *Japan's Foreign Policy - After the Cold War Coping with Change* (M. E. Sharpe, 1993).

35) John G. Ikenberry, America's Liberal Grand Strategy in the Asia-Pacific,Takashi Inoguchi, ed., *Japan's Asian Policy: Revival and Response. (*N.Y. Palgrave Macmillan, 2002).

36) 박철희. 『동아시아 세력전이와 일본 대외전략의 변화』 (동아시아재단, 2014). 남기정. 「아베시대의 동북아 국제정치 - 불안정의 나선과 극복의 시나리오」 『일본연구논총』 Vol.40 (2014). 전재성. "미중관계의 변화와 북한문제," 전재성 편, 『미중경쟁 속의 동아시아와 한반도』 (늘품플러스, 2015), pp.201-204.

아베총리가 추진한 신안보법이 2012년의 '아미티지-나이 리포트'에서 요구한 내용과 유사하다.[37] 아베 수상은 2015년 4월 방미하여 오바마 대통령과 미 상하원 합동연설에서 여름까지 안보법제를 성립시킬 것을 공언하였다. 미국의 동아시아전략에 맞춘 일본의 정책제도화라고 볼 수 있는 것이다.

2. 중국

전후 중일관계는 다이내믹하게 변화해 왔다. 크게 보면 네 단계로 나누어진다.

첫째는 1945년에서 1971년까지의 '냉전적 미수교기'이다. 이 시기는 기본적으로는 정경분리 하의 제한적 경제교류는 가졌지만 정식 외교관계를 갖지 못한 시기이다. 둘째는 1972년부터 1995년에 이르기까지의 '전후적 특수관계기'이다. 중일 간은 국교를 정상화시키고, 양국 간의 지리적, 역사적, 정치경제적 특수성과 상호의존성을 인식했다. 무역, 항공 등의 실무적 관계를 진작시킨 것은 물론 1979년 이후는 일본의 대중국 정부차관인 엔차관협력패키지가 본격화되었다. 세 번째는 1996년에서 2010년까지의 기간으로서 '탈전후적 보통관계기'이다. 중국이 핵실험과 군사강대국 및 경제강대국화가 본격화됨으로써, 중일 간은 더 이상 전후적 특수 관계에 머물 수 없게 되었고 협조와 경쟁을 반복하는 보통의 지역대국 간 경쟁관계를 반복했다. 2005년 이후는 '정냉경열'(政冷經熱)이라는 말에서 나타나듯, 경제적 상호의존성은 심화되면서도 외교적, 역사적, 영토적 충

37) 정미애(2014), p.9.

돌은 곳곳에서 나타났고, 경쟁과 대립이 복합적으로 나타났다. 마지막 네 번째는 2010년 이후 후진타오정권과 노다정권을 거쳐 중국의 시진핑 정권과 일본의 아베정권이 벌이는 동아시아에서의 '갈등적 세력전이기'이다.[38] 2010년에 경제력에 있어서도 중국이 일본을 눌러 중일 간의 경제적 파워는 역전되었다. 동아시아에서의 중국의 종합국력은 급속도로 신장되었다. 또한 2010년과 2012년의 센카쿠 열도에서의 충돌은 심각한 안보 갈등상황을 연출했으며, 중국은 일본정부가 깜짝 놀랄 정도로 예전에 없었던 강한 '힘의 외교'[39]를 전개하는 양상을 보였다.

동아시아에서는 2010년 이후 기본적으로 오바마의 아시아 재균형정책과 시진핑의 신형대국관계가 충돌하는데[40], 일본이 집단적 자위권을 행사하여 미국에 적극 공조한다고 중국은 인식하고 있다. '신안보법'이 중의원을 통과한 시점인 지난 2015년 7월 16일 중국 국무위원 양제츠는 일본 국가안전보장국 야치국장과의 회담에서, 신안보법제의 통과는 제2차 세계대전 후 일본이 군사안보 부문에서 행한 전대미문의 행위로서 시대의 조류와 세계적인 대세에 부합하지 않으며, 일본이 전수방위정책을 포기한 것이냐고 비판했다. 같은 날 중국 외교부와 국방부 대변인도 매우 비판적인 성명을 내는데, 중

---

38) 중일관계의 시기적 구분과 전개에 관해서는 손기섭, 『현대 일본외교와 중국』 (부산외대, 2012) 서문 등 참조.

39) 손기섭. "동북아 해양영토분쟁의 현재화 분석" 『한국정치외교사논총』 제34집 2호 (2013). 田中明彦.『日中関係 1945-1990』(東京大学出版会, 1991). 五百旗頭眞.『戦後日本外交史』(有斐閣アルマ, 1999).

40) 조양현, "4월 미일 정상회담 이후 동아시아 전략구도와 한국외교" 국립외교원 『주요국제문제분석』(2015. 8). 박영준, "미중 해군력 경쟁의 전망과 한국의 해양전략," 전재성 편, 『미중 경쟁 속의 동아시아와 한반도』 (늘품플러스, 2015)

국정부는 신안보법이 '전쟁입법'이란 점과 함께 실질적으로 중국을 겨냥한 것으로 판단했다. 아베정부가 미일 방위협력지침을 새롭게 개정하여 자위대가 미군과 함께 해외에서 전쟁을 할 수 있는 법적 장치를 마련한 것으로 본 것이다.

중국으로서는 2015년 일본정부의 행동은 대중국 적대시 정책을 가속화시킨 것으로 이해한다. 일본이 신안보법제를 통과시킨 배경에는 '중국위협론'의 대두가 결정적 요인으로 작용했다고 본다. 2010년 12월에 제정된 신방위계획대강은 중국위협론을 공공연히 제기하고 있으며, 방위력 키워드를 '종합기동방위역량'에서 '동태적 방위력'으로 바꾸고 도서방위력 강화를 목표로 한 것으로 판단한다.

특히 중국은 일본이 미국과 공조하여, 남중국해에서의 중국의 핵심이익에 간섭하는 것에 매우 신경이 날카롭다. 2015년 11월 필리핀 마닐라에서 열린 미일 정상회담에서 아베수상은 자위대를 남중국에 파견하는 문제에 언급한 적이 있는 바, 2015년 이후 11월의 G20회담과 APEC회담에서의 아베수상에 의한 일련의 남중국해문제 거론에 중국정부는 대단히 불쾌해 했다. 남중국해 문제를 둘러싼 일본의 대중국 포위망은 점점 남중국해 주변국가들에 확산되어 갔다고 본다. 그 중 필리핀과 베트남이 미국, 일본과 함께 남중국해에서의 대중국 포위망 구축에 가담하는 것으로 파악한다.

3. 한국

한미일관계는 미국을 중심축으로 하여 한미동맹, 미일동맹이 상호 기능하는 삼각 안보협력체제이다. 물론 한일 간에는 실제적 동맹 관계는 없으나, 빅터 차가 말하는 '유사동맹'적[41] 성격을 지닌다고 볼 수 있다. 미국으로 보면 한일 양국 모두 동맹국인 것이다. 미국은 일본이 신안보법을 입법화하여 집단적 자위권이 발효될 수 있도록 한 것은 미일동맹을 실질화하고 강화하는 조치로서 크게 환영하는 입장이다.

대한민국의 정책 스탠스는 미묘한 것이 사실이다. 우선은 두말할 필요도 없이 유사시 한미동맹을 실질적으로 강화하는 효과가 있다. 2015년 9월 제5차 핵실험이 강행된 상황에서 북한 핵실험과 제조의 위협이 이제 우려와 상상의 세계에 그치는 것이 아니고 한반도의 군사적 세력균형을 크게 바꾸는 현실화되고 상존화된 위협이 된 것이다.[42] 북핵위기가 엄존하는 상황에서 일본의 집단적 자위권의 제도화는 한미동맹을 강화하고 한미동맹의 취약성의 일부분을 보완하는 기능을 할 수 있다.

하지만, 한국의 입장은 환영할 수만도 없는 상황인 것도 분명하다. 일반적으로 집단적 자위권의 행사는 유엔헌장에도 명시되어 있는 주권국가의 고유한 권리행사이다. 하지만 일본의 경우, 헌법이 전쟁과 전력보유를 금지하고 있다는 점에서 '위헌성'이 높고, 또 일본이 20세기에 식민지지배와 침략전쟁을 일으켰다는 역사적 사실에서 한국을 비롯한 동아시아지역 주변 국가들은 역사적 및 정치외교적

41) Cha, Victor. *Alignment Despite Antagonism: The United States-Korea-Japan Security Triangle* (Stanford University Press, 2000).
42) 추부길. 『북한 급변사태와 한반도 통일』 (에듀팩토리, 2016) 및 박세일, 『대한민국 국가전략』 (21세기북스, 2008).

영향을 받지 않을 수 없는 복합적 심정의 착잡한 상황이다.[43)]

일본이 집단적 자위권을 이유로 만일의 경우 일어날 수도 있는 한반도사태에 개입하게 될 경우에는 상황이 그리 간단치 않다. '신안보법'에 따르면, '중요영향사태' 시 자위대의 타국진출은 해당국의 동의가 있을 경우에만 가능하다. 한편, '존립위기사태' 시에는 일본의 안보에 직접적인 영향을 미치는 상황이므로 이에 대한 대응은 일본 국내외를 구분하고 있지 않으므로, 만약 그 위기상황이 한반도에서 벌어진다면 한국의 동의가 없어도 일본의 집단적 자위권이 가능할 수도 있다.

하지만, 2015년 4월에 합의한 미일 신가이드라인에서는 해당국의 동의를 받아야 한다는 점을 명기함으로써, 한국의 동의 없이는 개입하지 못하도록 되어 있다. 그러나 한반도사태의 위기수준이나 성격에 따라서는 그렇지 않을 여지도 있다. 한국정부는 한반도에서의 한국영토이든 북한영토이든 일본이 집단적 자위권에 의거해 개입할 경우는 반드시 한국정부의 동의를 얻어야 한다는 입장이다.

V. 결론

일본 아베정권은 집단적 자위권을 전제로 한 신안보법을 제도화

43) 아베정권이 곧 우경화정권이란 인식이 확산된 한국에서 일본과의 군사적 협력의 상정은 쉽지 않다. 木宮正史、「安倍政権下の日韓(朝)関係と在日コリアン問題」『일본학』 제38집(2014), p.19. 김준형, "일본 아베정권의 안보정책 전환과 미국의 재균형전략-한미일관계를 중심으로," 『아세아연구』 제58권 4호(2015).

하고 발효시킴으로써, 미일동맹을 보완하고 강화시키고 있다. 이것은 일본이 전후 평화헌법의 제약에서 벗어나 보통국가화를 시도하는 중대한 디딤돌이 될 것으로 보인다. 집단적 자위권의 제도화와 발효에 나타나는 일본의 보통국가화 및 미일동맹의 강화는 동북아 안보질서에 심대한 영향을 끼칠 것이다.

아베정권의 집단적 자위권 성립의 정치과정과 법안내용 및 동북아 주요 각국의 정책대응의 분석에서 나타난 주요 특징은 다음 몇 가지로 정리해 볼 수 있겠다.

첫째, '정치과정'의 측면에서 보면, 아베정권은 일련의 정책과정을 체계적으로 준비하고 실현시킴으로써 집단적 자위권의 제도화에 성공했다는 평가가 가능하다. 일본의 지난 역대 내각의 헌법해석은 헌법 제9조의 명문규정으로 일본에서는 집단적 자위권의 권리는 보유하지만 이를 행사하지는 못한다는 것이 내각법제국의 공식견해였다. 하지만, 아베정권은 2012년 12월 중의원선거에서 승리하여 정권을 획득한 후, 2013년 7월 참의원선거에서도 압승하여 일본 국회의 중참의원에서의 뒤틀림현상 해소한다. 참의원에서의 압승은 아베가 꿈꾸어 온 집단적 자위권의 제도화와 개헌으로의 길을 열어주는 계기가 되었다. 집단적 자위권을 둘러싼 일본정부의 해석변경의 정치과정은 중참의원에서 다수를 차지한 자민당과 공명당의 이러한 선거결과에 힘입은 것이며, 공명당을 다소간 배려했다고는 하나 2015년 7월과 9월의 중참의원의 통과는 큰 혼란을 자아내지는 못했다. 공명당이 연립이탈의 위험을 무릅쓰기에는 한계가 있었고, 야당은 소수세력으로서 공조를 펴기에도 힘의 결집이 부족했다.

아베정권은 2014년 5월 수상의 사적 자문기관인 '안전보장의 법적기반 재구축에 관한 간담회'의 보고서가 제출되자, 이를 국가안전보장회의(NSC)에서 이를 확인한 후, 7월 1일에 집단적 자위권의 헌법해석을 변경하는 각의결정을 단행하였다. 이후, 2015년 7월 중의원, 9월 참의원에서 강행통과에 성공했다. 전후 평화헌법의 골격을 변경하는 '개헌으로의 길'로 가는 핵심사항이 실현된 것이다. 아베는 적극적 평화주의라는 명분으로 개헌을 통해 국방군을 갖고 국제사회에서 보다 자유롭게 미일동맹을 활용하는 중견국가의 길을 걸을 것으로 판단된다.

둘째, 10개의 '평화안전법제정비법'의 개정 및 1개의 '국가편화지원법'의 제정 법안으로 구성된 신안보법의 법안내용의 특징이다. 신안보법에서는 무엇보다 '존립위기사태'가 규정되어 집단적 자위권의 제도화를 이룬 점이 가장 큰 특징이다. 일본영역 내에서의 '무력공격사태'와는 분리되어 일본영역 밖의 해외에서의 '존립위기사태' 시 일본이 미국을 비롯한 외국군과 함께 무력행사가 가능하도록 한 점은 현 평화헌법의 수비범위를 넘어 선 위헌성이 지적될 수 있고, 이를 해소하기 위해서는 개헌이 가시권에 들어올 수밖에 없는 한계성과 기회성을 동시에 지닌다.

그 외, 주변사태법을 개정한 '중요영향사태'가 지리적 범주를 벗어나 글로벌 차원에서 자유롭게 미국 및 유엔 다국적군의 후방지원활동을 할 수 있게 된 점은 특기할만하다. 이와 함께 '국제평화지원법'이 제정되어 '국제평화공동대처사태'에 협력지원활동을 하도록 한 것과 유엔평화유지활동협력법을 개정을 통해 자위대의 행동반경을 매우 확대시키고 있다. 이제 일본의 외교적 및 군사적 관여정책이 글로벌 차원으로 확대된 것이다.

아베정권의 '적극적 평화주의'란 이름의 국제관여정책이 외연적 모습을 갖추게 된 것이다. 아베 수상은 '탈 전후레짐'을 주창하면서 집단적 자위권의 행사를 용인하고 자위대의 활동을 글로벌 차원으로 확대시킴으로써, 전수방위의 통상국가노선을 변경하여 정치적 및 군사적 관여정책을 확대시키는 전략을 채택한 것이다.

셋째, 미국, 중국, 한국의 정책대응이다. 미국은 미일동맹의 실질화를 오랫동안 요청해 왔기 때문에 일본의 집단적 자위권의 해석변경과 법제화를 크게 환영하는 입장이다. 아베총리가 추진한 신안보법제가 2012년의 '아미티지-나이 리포트'에서 요구한 내용과 유사하다는 지적과 비판도 있다. 아베 수상은 2015년 4월 방미하여 오바마 대통령과 미 상하원 합동연설에서 여름까지 안보법제를 성립시킬 것을 공언하였다. 미국의 동아시아전략에 맞춘 일본의 정책 제도화라고 볼 수 있는 것이다.

중국은 신안보법이 실질적으로 중국을 겨냥한 것으로 판단하며, 아베정부가 미일 방위협력지침을 새롭게 개정하여 자위대가 미군과 함께 해외에서 전쟁을 할 수 있는 법적 장치를 마련한 것으로 보았다. 일본정부의 집단적 자위권의 제도화는 일본의 대중국 적대시 정책을 가속화시킨 것으로 판단하며, 일본이 신안보법을 통과시킨 배경에는 '중국위협론'의 대두가 결정적 요인으로 작용했다.

한국의 입장은 매우 복합적일 수밖에 없다. 일본이 개헌을 하지 않은 상태에서의 집단적 자위권의 제도화와 발효는 위헌성이 높고, 또한 일본이 그동안의 평화와 번영을 가져온 전후 평화헌법의 범주를 넘어 글로벌 차원으로 정치외교 및 군사적 관여정책을 확대한 것은 일본의 통상국가의 국가전략노선이 미들파워 국가전략노선 또는 지역대국 국가전략노선으로 전환된 것이 아닌가 하는 의구심이 증폭된 상황이다. 한반도에서 벌어지는 사태에 대해 일본정부가 '존립위기사태' 또는 '중요영향사태'라고 판단하여 관여할 경우에는 한국정부의 동의가 반드시 필요할 것이나, 북한지역에서의 작전활동은 다소 미묘한 상황이다. 하지만, 북핵위기가 엄존하고 날이 갈수록 구체화되는 상황에서 미일동맹을 실질화하는 것은 한미동맹과 미일동맹에서 결여된 한일 '유사동맹' 성의 삼각축의 한 부분을 보완하는 효과가 없지 않은 점도 부인할 수 없다. '한일군사정보보호협정'(GSOMIA)이 최근 체결된 것도 이러한 북핵위기가 엄존하는 위기적 안보상황에서 비롯된 것이라고 판단된다.

참고문헌

김준형(2015), "일본 아베정권의 안보정책 전환과 미국의 재균형전략-한미일관계를 중심으로," 『아세아연구』 제58권 4호.

남기정(2014), "아베시대의 동북아 국제정치 - 불안정의 나선과 극복의 시나리오" 『일본연구논총』 Vol.40.

박명희(2015), "일본 리버럴세력 동향: 안보법제 반대운동을 중심으로," 국립외교원 『주요 국제문제분석』 No.2015-40.

박세일(2008), 『대한민국 국가전략』 서울: 21세기북스.

박영준(2015), "미중 해군력 경쟁의 전망과 한국의 해양전략," 전재성 편, 『미중 경쟁 속의 동아시아와 한반도』 서울: 늘품플러스.
_____(2015), “일본 아베정권의 보통국가화 평가,” 『아세아연구』 제58권 제4호.
박철희(2014), 『동아시아 세력전이와 일본 대외전략의 변화』 서울: 동아시아재단.
유웅조(2015), “일본 신안보법의 주요 내용 및 쟁점과 한국의 대응과제,”국회입법조사처, 『이슈와 논점』. 제1066호.
윤영관(2015), 『외교의 시대 - 한반도의 길을 묻다』 서울: 미지북스.
이명찬(2014), “일본의 집단적 자위권의 행사용인과 국가노선의 대전환,” 『일본연구논총』 Vol.40.
전재성(2015), “미중관계의 변화와 북한문제,” 전재성 편, 『미중 경쟁 속의 동아시아와 한반도』 서울: 늘품플러스.
정미애(2014), “일본의 안전보장관련 법제화의 경위와 함의,” 『계명대 국경연구단 학술회의』 발제문.
추부길(2016), 『북한 급변사태와 한반도 통일』 서울: 에듀팩토리.
손기섭(2013), “동북아 해양영토분쟁의 현재화 분석” 『한국정치외교사논총』 제34집 2호.
_____(2012), 『현대 일본외교와 중국』. 부산외국어대학교.
조양현(2015), “4월 미일 정상회담 이후 동아시아 전략구도와 한국외교” 국립외교원 『주요국제문제분석』 No.2015-12.
_____(2013), “제2차 아베내각 출범 이후 일본 정국 및 대외관계 전망”, 국립외교원 『주요국제문제분석』 No.2012-46.
安倍晋三(2006), 『美しい国へ』 文芸春秋.
五百旗頭眞(1999), 『戦後日本外交史』. 有斐閣アルマ.
北岡伸一(2014), 『憲法に固執して国家の安全を忘れるなー安全法制懇報告書の意義』 『中央口論』 2014年6月号.
木宮正史(2014), 「安倍政権下の日韓(朝)関係と在日コリアン問題」 『일본학』 제38집.
佐瀬昌盛(2014), 『いちばんよくわかる！集団的自衛権』 海龍社.
田中明彦(1991), 『日中関係 1945-1990』 東京大学出版会.
柳沢協二(2015), 『亡国の安保政策 - 安倍政権と積極的平和主義の罠』 岩波書店.

細谷雄一(2016),「総理談話と平和安全法制一新しいアイデンティティの模索」『防衛学研究』第54号.

渡辺昭夫(1998),「日米安全保障関係の新展開」『国際問題』No.456.

Cha, Victor(2000), *Alignment Despite Antagonism: The United States-Korea-Japan Security Triangle,* Stanford University Press.

Ikenberry, G. John(2002), America's Liberal Grand Strategy in the Asia-Pacific, Takashi Inoguchi, ed., *Japan's Asian Policy: Revival and Response.* N.Y. Palgrave Macmillan.

Pharr, Susan J.(1993), Japan's Defensive Foreign Policy and the Politics of Burden Sharing, Gerald L. Curtis, ed., *Japan's Foreign Policy - After the Cold War Coping with Change* - M. E. Sharpe.

Vogel, Ezra F.,Yuan Ming and Tanaka Akihiko(2002), *The Golden Age of the U.S.-China-Japan Triangle 1972-1989,* Cambridge and London : Harvard University Asia Center.